AF216627

Unsere Erde – ein Planet im Sonnensystem

1 **Was ist eigentlich ein Sonnensystem?**
Bringe die Satzteile in die richtige Reihenfolge und du
erhältst die Antwort!

☐ Ein Sonnensystem besteht

☐ kreisen.

☐ aus vielen Himmelskörpern (z. B. Planeten)

☐ die um einen Stern (Sonne)

2 **Sonne, Erde, Mond und Sterne**
Setze die Begriffe richtig ein (**M 1**)!
Stern, 8, Planet, Trabant,
Sonnensystems, Milchstraße

Unser Mond ist ein _____ (Begleiter) der Erde.

Die Erde ist ein _____ .

Es gibt in unserem Sonnensystem _____ Planeten, die um die Sonne kreisen.

Die Sonne ist ein _____ und der Mittelpunkt

unseres _____ .

Unsere Heimatgalaxie heißt _____ . Sie besteht aus vielen

Sonnensystemen.

M 1

3 **Die Planeten unseres Sonnensystems**

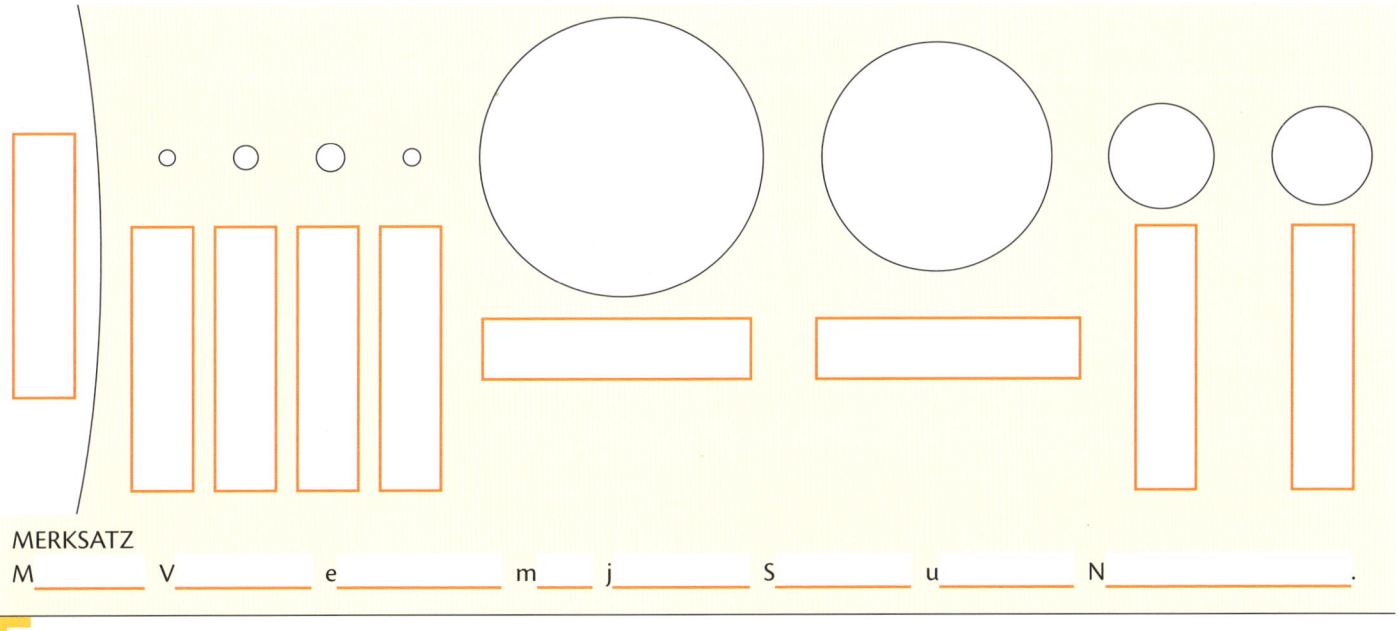

MERKSATZ
M_____ V_____ e_____ m___ j_____ S_____ u___ N_____ .

M 2

a) Male richtig aus (**M 2**)!
– Unsere Sonne ist ein Feuerball. Male die Sonne gelb und orange an.
– Unser Heimatplanet Erde wird auch „der blaue Planet" genannt. Er ist der dritte Planet.
– Merkur ist der kleinste Planet. Er ist der erste Planet neben der Sonne. Male den Merkur grau an.
– Saturn ist der sechste Planet. Er hat mehrere Ringe. Male einen blau-grünen Ring um den Saturn.
– Uranus ist der siebente Planet. Male Uranus hellbraun an.
– Der Mars wird auch „der rote Planet" genannt. Er liegt zwischen Erde und Jupiter.
– Neptun erstrahlt in einem tiefen grün. Er ist am weitesten von der Sonne entfernt.
b) Schreibe nun die **Namen** der **8 Planeten** unseres Sonnensystems in das jeweils richtige Kästchen.
c) Schreibe dir darunter die **Eselsbrücke,** mit deren Hilfe du dir die Planeten besser merken kannst.

Der Planet Erde, seine Bewegungen und deren Folgen

1   Steckbrief „Unsere Erde"

Fülle den Steckbrief zum Planeten Erde aus (**M 1**). Nutze dafür z. B. das Schulbuch und das Internet.

geometrische Form: _____

Neigung der Erdachse: _____ °

Bewegungen: – um die eigene Achse: _____

(Begriffe)   (Dauer: _____)

   – um die Sonne: _____

   (Dauer: _____)

N

Erdachse

S

M 1

2   Die Entstehung von Tag und Nacht

a) Forschungsauftrag (PA/GA): Findet heraus, warum es bei uns in Berlin (Deutschland) Nacht ist, während es in Sydney (Australien) Tag ist (**M 2**)!

Material: (Mini-)Globus (Modell der Erde), Taschenlampe (Modell der Sonne), 2 Klebepunkt

Führt den Modellversuch wie folgt durch:

a) Haltet den Miniglobus zwischen Mittelfinger und Daumen bzw. stellt den Globus auf.

b) Sucht auf dem Globus folgende Orte: Deutschland (Berlin) und Australien (Sydney) und klebt jeweils einen Klebepunkt auf.

c) Beleuchtet den Globus mit der Taschenlampe.
Haltet die Taschenlampe und den Globus wie in der Skizze.

d) Dreht den (Mini-)Globus von **Westen nach Osten** und **beobachtet** die Lichtverhältnisse an den Punkten. Ändert nicht die Position der Taschenlampe!

e) Schreibt eure Beobachtungen auf.

f) Erklärt nun, warum es in Berlin Nacht ist, wenn in Sydney Tag ist.

M 2

b) Vervollständige den Lückentext (**M 3**). Nutze dein Schulbuch.

Die Ursache für die Entstehung von Tag und Nacht auf

der Erde ist die *E* _____ .

Sie beschreibt die Drehung der Erde um ihre eigene

Achse von _____ nach _____ . Eine Erd-

umdrehung dauert _____ Stunden (1 Tag). Auf der

sonnenzugewandten Seite ist es _____, auf der sonnen-

abgewandten _____ . Die *Z* _____

(Gebiete gleicher Uhrzeit) sind die Folge dieser Beleuch-

tungsverhältnisse. Insgesamt gibt es 24 von ihnen mit

jeweils einer Stunde Zeitunterschied.

M 3

c) Färbe in der Abbildung die von der Sonne beleuchtete Seite der Erde (Tagseite) gelb ein (**M 4**).

d) Welche Tageszeit ist gerade in Berlin? Betrachte die Abbildung genau!

Es ist _____ .

Uhrzeit

SONNE

Berlin

West Ost

M 4

Die Entstehung der Jahreszeiten

In Deutschland und in vielen anderen Ländern der Erde wird der Jahresablauf wesentlich durch den Wechsel der Jahreszeiten geprägt. Das ist aber nicht in allen Gebieten der Erde so.

Wie entstehen Jahreszeiten?

1 Beschrifte die Abbildung zur Entstehung der Jahreszeiten auf der Nordhalbkugel mit Hilfe der Wörterliste (**M 1**). Nutze auch das Schulbuch.

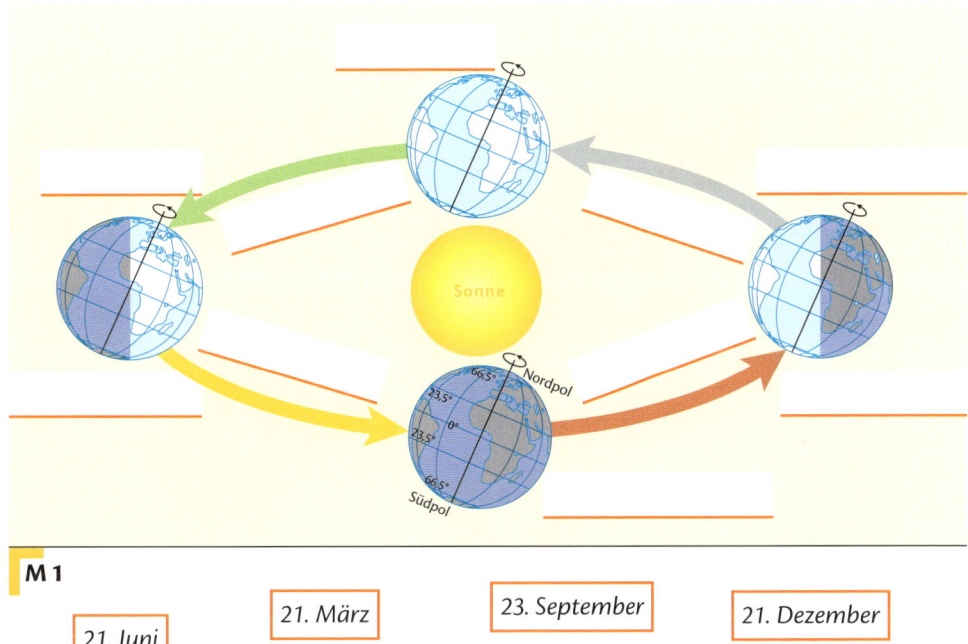

M 1

Herbst			
Sommer		Frühling	
	Winter		
Polartag	Polarnacht		
		21. Juni	
		21. März	23. September	21. Dezember

2 Am 21. Dezember herrscht am Nordpol Polarnacht. Am Südpol aber geht die Sonne nicht unter. Gestalte die beiden Abbildungen farbig (gelb für beleuchtete Gebiete, blau für Nacht). Ordne den Abbildungen (**M 2**) die richtigen Fakten zu. Ziehe hierzu Verbindungslinien!

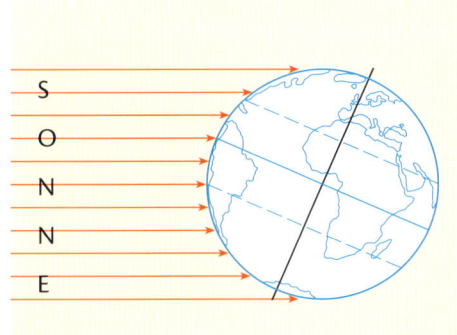

Beleuchtung der Erde am 21. Dezember
Sommersonnenwende
Wintersonnenwende
Polartag am Nordpol
Polartag am Südpol
Polarnacht am Nordpol
Polarnacht am Südpol
Nordhalbkugel der Sonne zugeneigt
Südhalbkugel der Sonne zugeneigt
Beleuchtung der Erde am 21. Juni

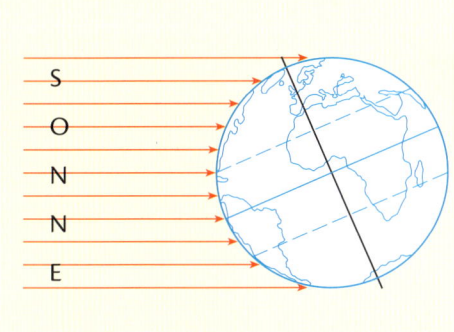

M 2

3 Werte das Schema (**M 3**) aus!

a) Finde im Atlas Länder oder Städte der Erde mit *stets gleich langen Tagen*.

_____

_____

_____

b) Nenne Gebiete, in denen zeitweise *keine* bzw. *24 h lang* die Sonne scheint.

_____

_____

_____

	Nord-pol	Nord-kap	Mittel-europa	Äquator	Pata-gonien	Kap Norvegia	Süd-pol	
1. Jan.								Tag
1. Feb.								
1. März								
1. April								Nacht
1. Mai								
1. Juni								
1. Juli								
1. Aug.								
1. Sep.								
1. Okt.								
1. Nov.								
1. Dez.								

M 3

Kontinente und Ozeane

Auf dieser Seite sind die Kontinente und Ozeane durcheinander geraten. Versuche diese zu sortieren.

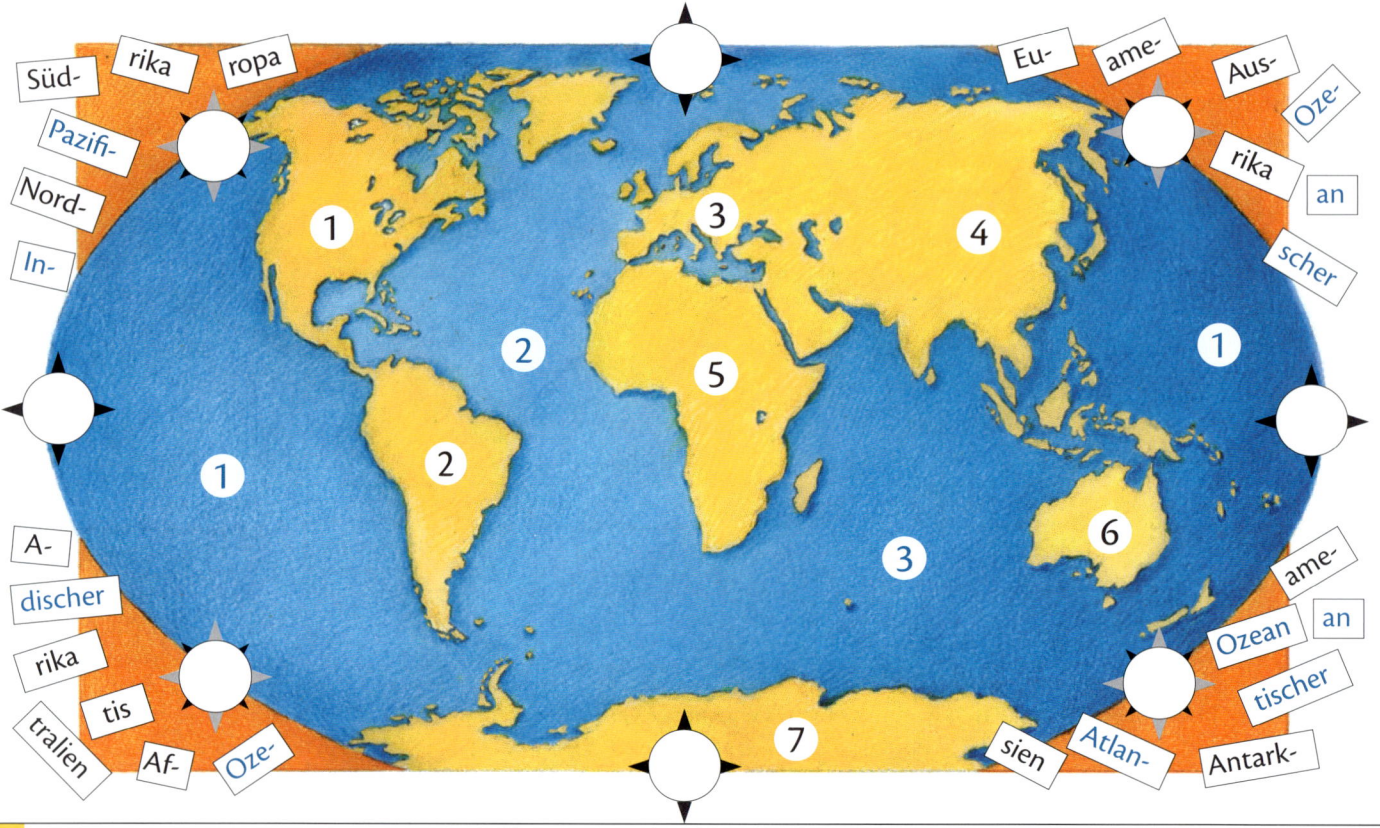

M 1

1 Setze die Namen der Kontinente und Ozeane zusammen und schreibe sie in die Liste. Beachte die richtige Zuordnung zu den Ziffern (**M 1**, **M 2**).

2 Ergänze in den freien Feldern am Kartenrand die Himmelsrichtungen. Benutze dazu die üblichen Kurzformen (z. B. SO für Südost).

3 Vervollständige die Sätze (**M 3**).
   a) Trage die Himmelsrichtung ein.
   b) Suche nach Kontinenten mit dieser Lagebeziehung.

Kontinente und Ozeane

1	_____	6	_____
2	_____	7	_____
3	_____	1	_____
4	_____	2	_____
5	_____	3	_____

M 2

Europa liegt _____ von Afrika.

Afrika liegt _____ von Australien.

Asien liegt _____ von Europa.

Australien liegt _____ von Asien.

_____ liegt südwestlich von _____ .

_____ liegt nordöstlich von _____ .

_____ liegt nordwestlich von _____ .

_____ liegt südöstlich von _____ .

M 3

Hilfe auf hoher See

Ein Öltanker ist vor der Westküste Afrikas mit einem anderen Schiff zusammengestoßen. Öl läuft aus. Der Kapitän will schnell Hilfe anfordern, um einen noch größeren Schaden zu vermeiden. Dazu versucht er, alle Schiffe in seiner Umgebung ausfindig zu machen und zu informieren.

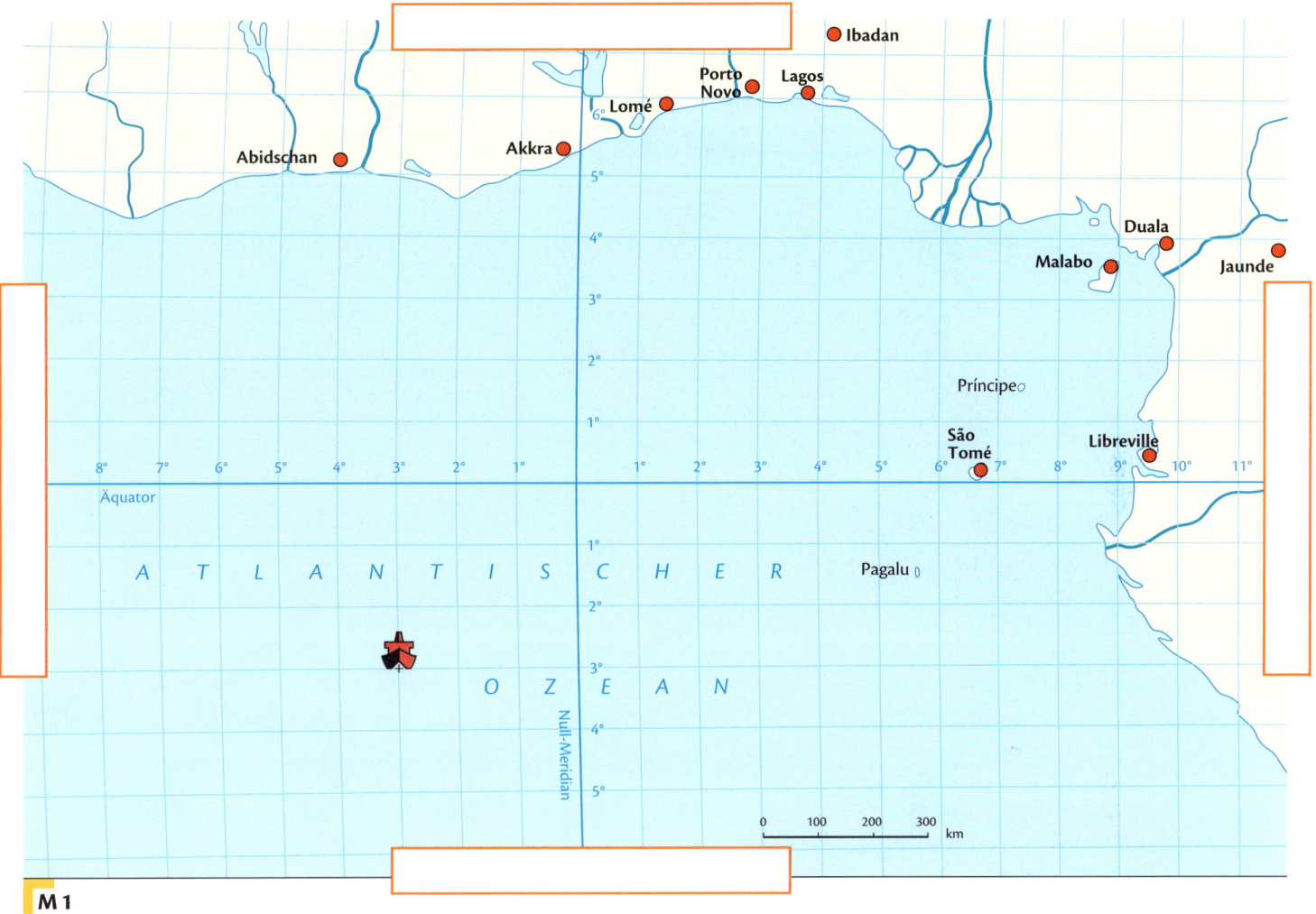

M 1

1 Trage zu deiner Orientierung in die freien Felder der Karte die Bezeichnungen *nördliche Breite, südliche Breite, östliche Länge, westliche Länge* ein (**M 1**).

2 Suche den verunglückten Tanker auf der Karte. Gib die Position des Schiffes mit Hilfe des Gradnetzes an.

Position des verunglückten Tankers:

_____

3 Auf den Hilferuf des Tankers melden sich 5 Schiffe (A bis E). Sie geben ihre Positionen an. Trage diese Schiffe in die Karte ein (**M 1**).

4 Welches Schiff ist der Unglücksstelle am nächsten (**M 2**)?

5 Aus den Hafenstädten Abidschan, Akkra und Lagos wird ebenfalls Hilfe angeboten. Gib für diese Städte die ungefähre Lage im Gradnetz an (**M 3**).

Positionen der anderen Schiffe:

Schiff A 1° n. Br. / 5° w. L.   Schiff D 2° s. Br. / 2° ö. L.
Schiff B 3° n. Br. / 3° ö. L.   Schiff E 4° n. Br. / 2° w. L.
Schiff C 4° s. Br. / 8° ö. L.

Das Schiff _____ ist der Unglücksstelle am nächsten.

M 2

Lage der Städte im Gradnetz:

Abidschan _____

Akkra _____

Lagos _____

M 3

Deutschland zwischen Küste und Alpen

1 Trage die Namen der Nachbarstaaten Deutschlands in die Kästchen ein.

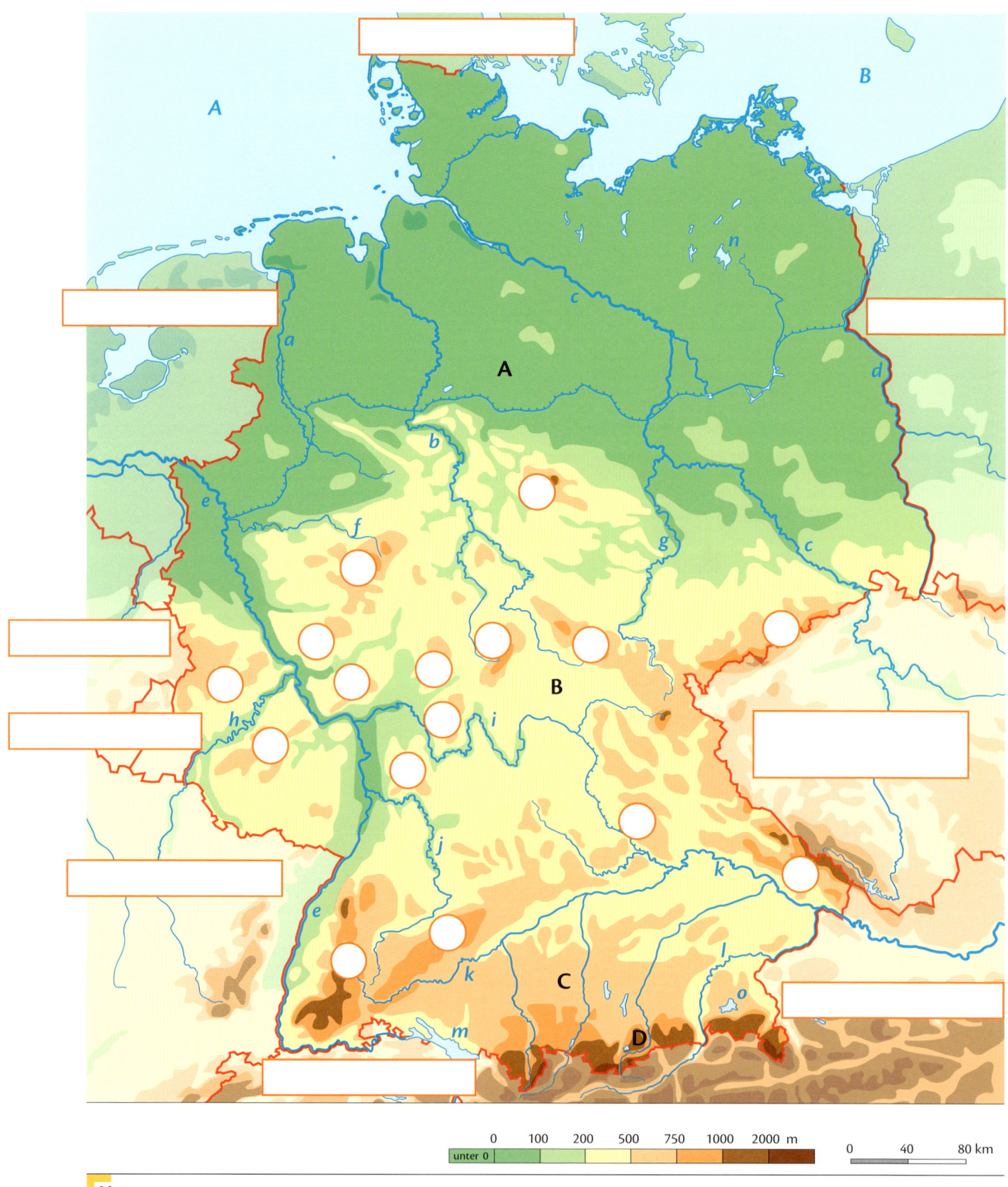

M 1

Kennst du dich in Deutschland aus?

1 Vervollständige die Legende! Ordne den Zahlen und Buchstaben die topographischen Begriffe zu.

Großlandschaften

A _____   C _____

B _____   D _____

M 1

Flüsse und Seen

a _____   i _____

b _____   j _____

c _____   k _____

d _____   l _____

e _____   m _____

f _____   n _____

g _____   o _____

h _____

M 2

Meere

A _____   B _____

M 3

2 Trage die Gebirge (schwarze Kleinbuchstaben) in die Karte ein!

a	Harz	i	Odenwald
b	Rothaargebirge	j	Fränkische Alb
c	Eifel	k	Bayerische Wald
d	Hunsrück	l	Schwäbische Alb
e	Taunus	m	Schwarzwald
f	Rhön	n	Westerwald
g	Thüringer Wald	o	Spessart
h	Erzgebirge	p	Vogelsberg

M 4

Deutschland und seine Bundesländer

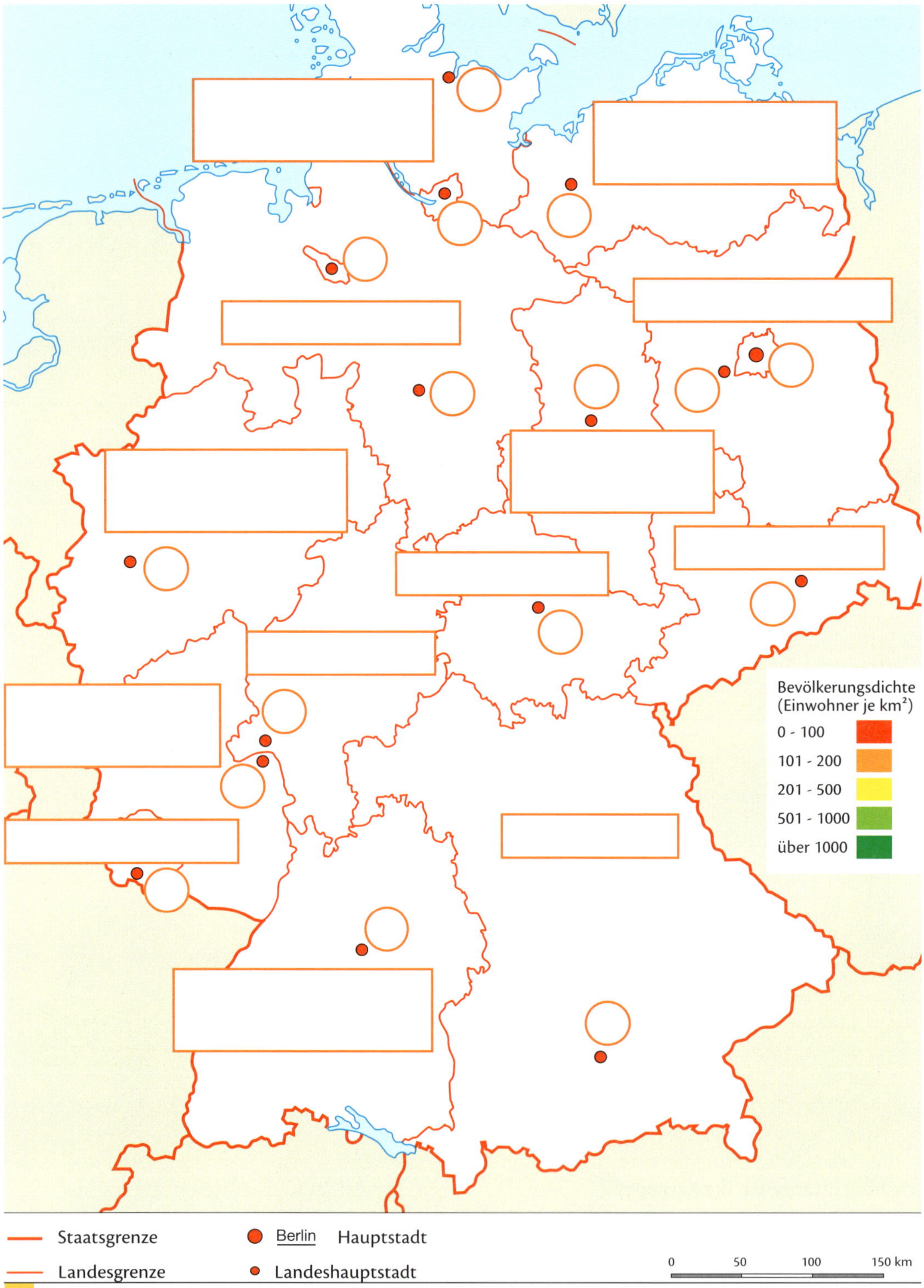

Hauptstädte der Bundesländer

1 Kiel
2 Hannover
3 Schwerin
4 Potsdam
5 Magdeburg
6 Dresden
7 Erfurt
8 Wiesbaden
9 Düsseldorf
10 Mainz
11 Saarbrücken
12 Stuttgart
13 München
14 Bremen
15 Hamburg
16 Berlin

M 2

Bevölkerungsdichte
(Einwohner je km²)

0 - 100	
101 - 200	
201 - 500	
501 - 1000	
über 1000	

Land	Einw. je km²
Baden-Württemberg	301
Bayern	177
Berlin	3861
Brandenburg	85
Bremen	1637
Hamburg	2349
Hessen	287
Mecklenburg-Vorpommern	71
Niedersach-sen	166
Nordrhein-Westfalen	524
Rheinland-Pfalz	202
Saarland	398
Sachsen	226
Sachsen-Anhalt	115
Schleswig-Holstein	179
Thüringen	139

M 3

—— Staatsgrenze	⬤ Berlin Hauptstadt
—— Landesgrenze	• Landeshauptstadt

0   50   100   150 km

M 1

1 Trage die Namen der Bundesländer in die Karte ein (M 1).
2 Trage die Hauptstädte der Bundesländer (Zahlen) in die Karte ein (M 1, M 2.

3 In welchen Bundesländern leben die meisten Einwohner auf einem km² und wo ist die Bevölkerungsdichte gering? Finde es heraus! Gestalte die Karte entsprechend der Legende farbig (M 3).

Berlin und Potsdam –
Verflechtung der Hauptstädte mit dem Umland

1 Ordne den Städten sowie dem Umland ihre entsprechenden Funktionen zu. Dabei helfen dir die angegebenen Symbole (**M 1** bis **M 3**).

2 Stelle mit Hilfe von Pfeilen die Verflechtungen zwischen den Städten und dem Umland dar (**M 3**).

Wohnen, Arbeitsplätze, Wissenschaft und Bildung, Geschäfte, Kultur, Krankenhäuser und Ärzte, Behörden, Landwirtschaft, Freizeit, Ver- und Entsorgungseinrichtungen, Wohnen, Landeshauptstadt, Bundeshauptstadt; Sitz der Bundesregierung, diplomatischer Vertretungen u. a.; Sitz des Landtages und der Landesregierung

M 1

M 2

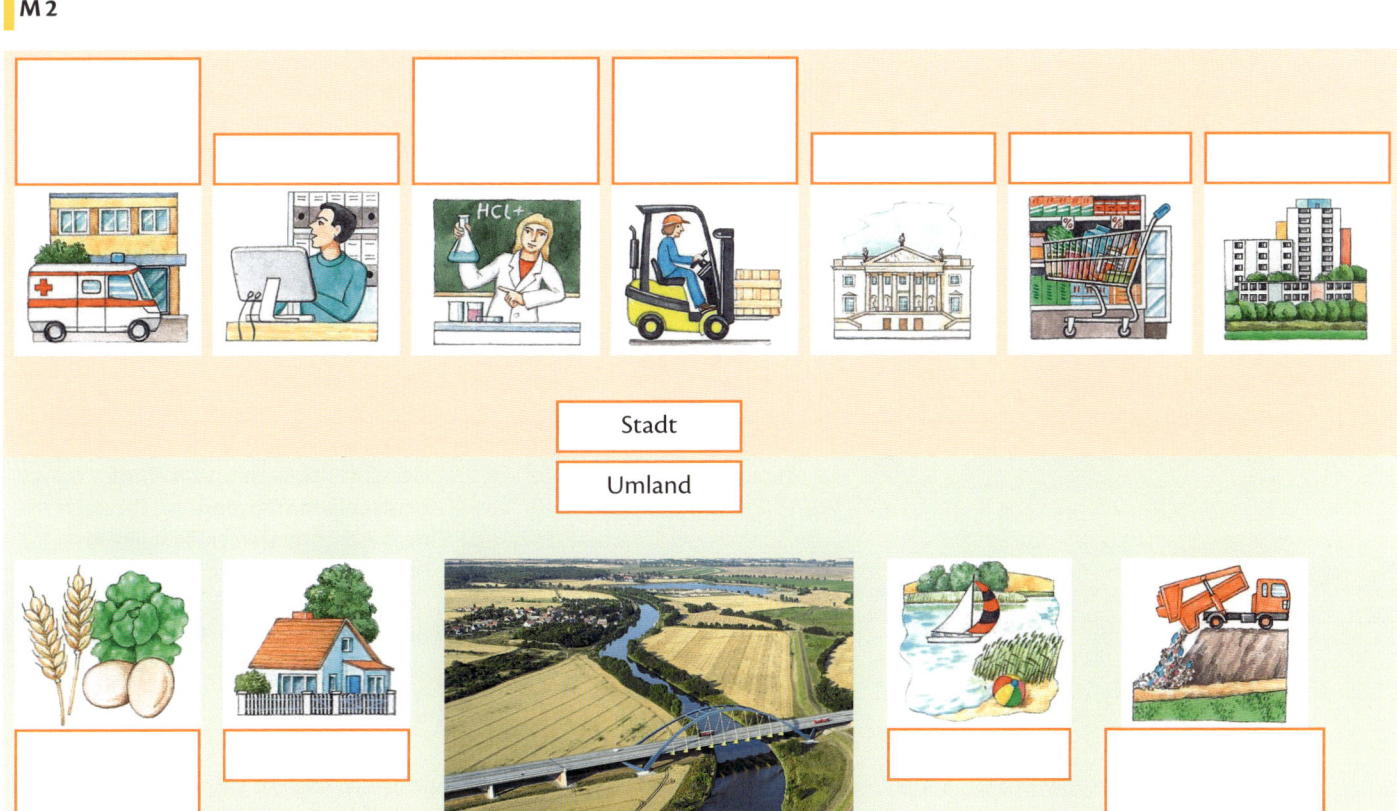

Stadt

Umland

M 3

Das Norddeutsche Tiefland – vom Eis geformt

Vor ca. 2,6 Mio. Jahren begann das letzte Eiszeitalter, das Pleistozän. In dieser Zeit lagen große Teile Europas über 2 Mio. Jahre lang unter einem dicken Eisschild. Es entstand eine typische Abfolge von Gletschern geschaffener Oberflächenformen – die glaziale Serie. Doch wie geschah das alles? Begib dich auf eine Reise durch die letzte Eiszeit…

1 Lies unter „Was ist passiert?" die Abfolge der Entstehung der glazialen Serie. Unterstreiche wichtige Worte (**M 1**).

2 Ordne die Abb. der Entstehung der glazialen Serie von S. 41 richtig zu. Schneide sie aus und klebe sie an die richtige Stelle in die Tabelle.

3 Beschrifte die Abbildungen mit folgenden Begriffen: *Inlandeis, Urstromtal, Sander, Endmoräne, Grundmoräne, Eisrand, Toteissee*

Die Entstehung der glazialen Serie		
	Abbildungen	Was ist passiert?
Vor 2,6 bis etwa 200 000 Jahren		Es herrschten sehr niedrige Temperaturen. In Skandinavien entstand ein bis zu 4000 Meter dicker Eispanzer. Man nennt dies Inlandeis. Der Eispanzer breitete sich in alle Richtungen aus, auch bis zum Rand der heutigen deutschen Mittelgebirge. Dort waren die Temperaturen so, dass das Inlandeis „stehen blieb". Es schmolz und lagerte das mitgeführte Material am Eisrand ab.
vor etwa 40 000 Jahren		Durch das ablaufende Schmelzwasser bildeten sich breite Urstromtäler. Am Gletscherrand entstand die Endmoräne. Sie besteht aus Materialien, die das Eis vor sich herschob. Aber auch aus großen Gesteinen, die beim Abtauen des Eises am Eisrand aufgeschüttet wurden. Die feineren Bestandteile wurden vom Schmelzwasser weitertransportiert. Sie lagerten sich vor den Urstromtälern als Sander ab. Nachdem das Eis ganz abgeschmolzen war, wurde auch der Untergrund wieder freigelegt. Diesen bezeichnet man als Grundmoräne.
heute		Durch das Eis wurden auch große Gesteinsblöcke mit nach Norddeutschland transportiert, die nach dem Abschmelzen einfach liegenblieben: die Findlinge. Einige kleine Eisblöcke blieben beim Rückzug des Eises im Boden zurück. Sie tauten erst später auf. So entstanden Toteisseen.

M 1

Ebbe und Flut an der Nordseeküste

Jeden Tag lässt sich an der Nordseeküste ein Naturschauspiel beobachten. Zweimal täglich steigt das Wasser langsam an und zweimal am Tag fließt es wieder zurück

1 Erkläre dieses Naturschauspiel!
Ergänze nun den Lückentext mit folgenden Begriffen:
*Hochwasser, Niedrigwasser, Ebbe, Flut, Anziehungskraft,
Fliehkräfte, einmal, zweimal, 6 h 12 min, 6 h 12 min,
Wasserberg, Wasserberg*

Gezeiten sind der ständige Wechsel zwischen _____ und _____ .

Bei Flut steigt der Wasserspiegel bis der höchste Wasserstand, das _____ erreicht

ist. Das dauert ca. _____ _____ . Danach sinkt der Wasserstand wieder, die Ebbe beginnt.

Bis der niedrigste Wasserstand, das _____ erreicht ist, vergehen wieder

ca. _____ _____ .

Obwohl der Mond 385 000 km entfernt ist, wirkt seine _____ auf der Erde.

Er zieht auf der ihm zugewandten Seite das Wasser an, so dass sich dort ein _____

bildet. Weil die Erde sich um die eigene Achse dreht, türmt sich durch die _____

auf der gegenüberliegenden Seite auch ein _____ auf.

Die Erde dreht sich an einem Tag _____ um sich selbst.

Wir drehen uns also in 24 Stunden je _____ in den Wasserberg hinein und hinaus.

M 1

2 a) Vervollständige die Grafik mit den richtigen Begriffen.
Erde, Mond, Wasserberg, Fliehkräfte, Anziehungskraft
  b) Markiere die Gebiete auf der Erde, die gerade Flut haben, blau.

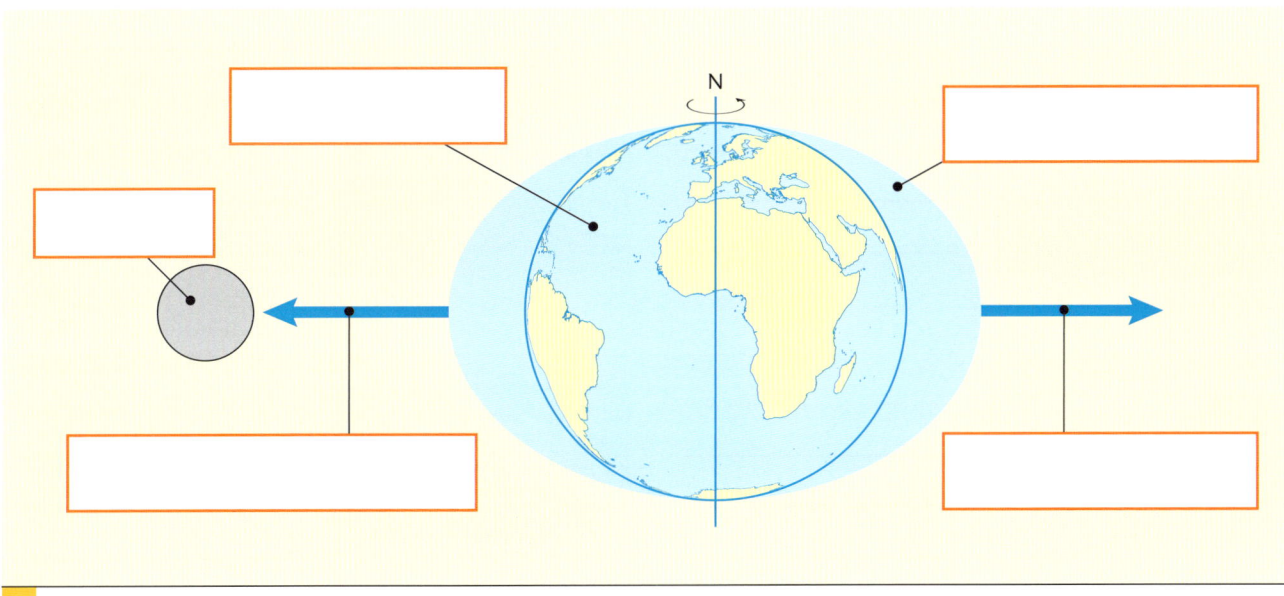

M 2

Wind und Wellen zerstören die Küste und bauen sie auf

An den Küsten treffen Land und Meer aufeinander. Die Steil- und Flachküsten an Nord- und Ostsee werden vor allem durch Wind, Wasser, Regen und Frost ständig verändert. Der Mensch greift in diese Prozesse ein. Zum Schutz der Küsten werden verschiedene Maßnahmen getroffen.

1 Beschrifte in den Abbildungen die Teile der Steil- und Flachküste mit den richtigen Begriffen (**M 1, M 2**).

2 Steil- und Flachküsten verteilen sich an Nord- und Ostsee sehr unterschiedlich. Kreuze an, wo du welche Küstenform häufig finden kannst (**M 1, M 2**).

3 Recherchiere! Finde heraus, welche Maßnahmen zum Schutz der Steil- bzw. Flachküste getroffen werden und wovor sie schützen sollen. Ordne sie mit Hilfe der Abbildungen richtig zu (**M 3**).

Vorkommen an Nord- und Ostsee

☐ Nordsee   ☐ Ostsee

M 1

Vorkommen an Nord- und Ostsee

☐ Nordsee   ☐ Ostsee

M 2

Maßnahmen zum Küstenschutz

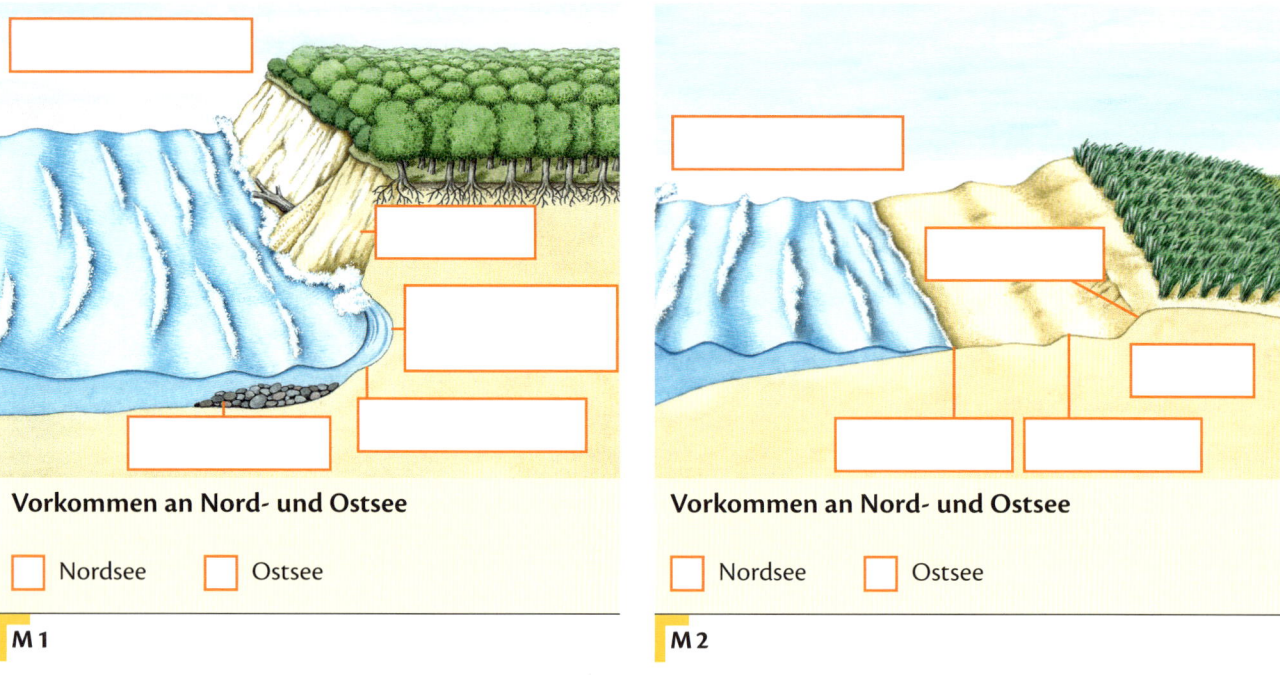

M 3

Von Borkum bis Usedom – vielfältig gegliederte Küsten

Die Küsten der Nord- und Ostsee unterscheiden sich nicht nur anhand ihres Profils (Steil- und Flachküste). Aus der Vogelperspektive betrachtet, zeigen sich noch weitere vielfältige Küstenarten.

1 Skizziere die Küstenarten (M 2).
2 Wie entstanden diese Formen? Erkläre in Stichpunkten.
3 Gib das Vorkommen der Küstenarten an Nord- und Ostsee so genau wie möglich an. Nutze dafür die Karte M 1.

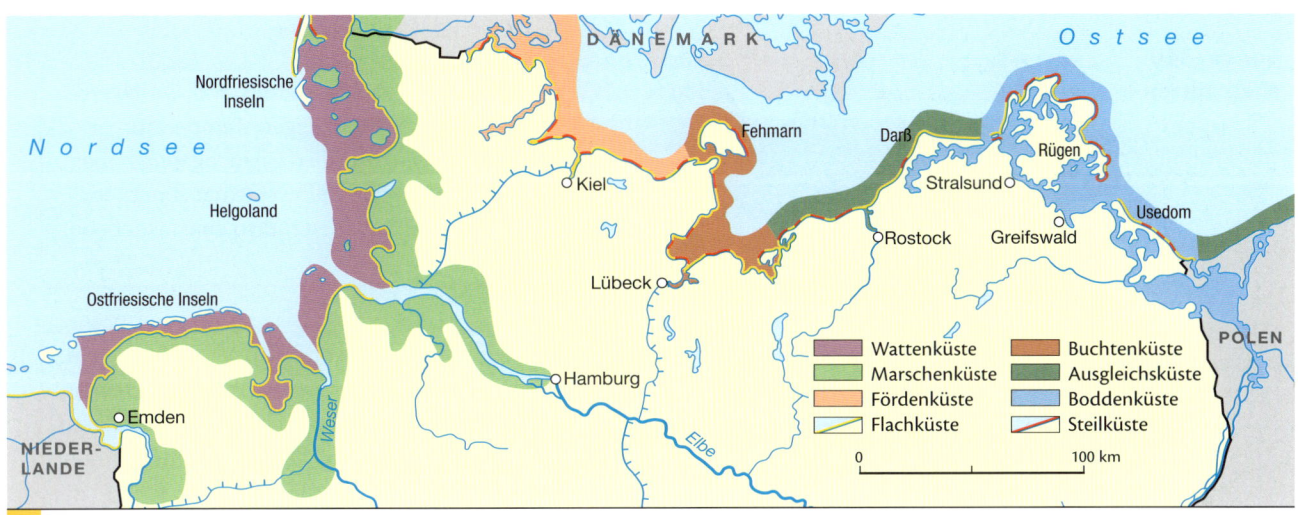

M 1 *Gliederung der Küsten an Nord- und Ostsee*

Küstenart	Skizze	Entstehung	Verbreitung
Watt			
Förde			
Bodden			
Ausgleichsküste			

M 2

Älter als man denkt! – Die Entstehung und Form der Mittelgebirge

Wie in einem Film kannst du hier die Entstehungsgeschichte unserer erdgeschichtlich recht alten Mittelgebirge nachvollziehen. Leider sind die Textsequenzen durcheinander geraten.

1 Lies die Texte über die Entstehung der Mittelgebirge genau durch. Unterstreiche wichtige Begriffe und Vorgänge farbig (**M 1**).

2 Ordne den Abbildungen die richtigen Vorgänge zu. Ziehe Verbindungslinien (**M 1**).

vor ca. 340 Mio. Jahren

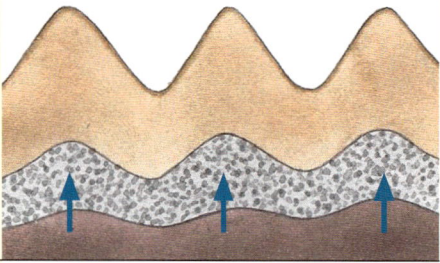

Dieser Prozess kam zum Stillstand. Durch erdäußere Kräfte (Wind, Regen, Temperaturschwankungen) wurde das Hochgebirge über viele Millionen Jahre hinweg eingeebnet. Vor ca. 65 Mio. Jahren entstand so eine fast ebene Landschaft.

vor ca. 65 Mio. Jahren

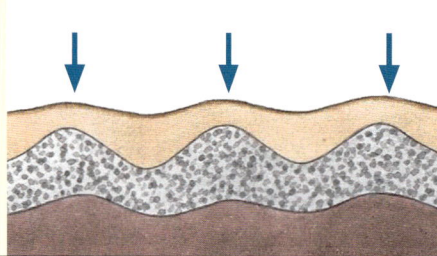

Erneut kollidierten vor ca. 10 Mio. Jahren zwei Erdplatten (Eurasien und Afrika) und führten so zu Spannungen in der Erdkruste. Es bildeten sich Risse und Spalten. Das alte Grundgebirge zerbrach schließlich große Schollen. Einige Schollen wurden gehoben, andere gesenkt oder schräg gestellt.

vor ca. 10 Mio. Jahren

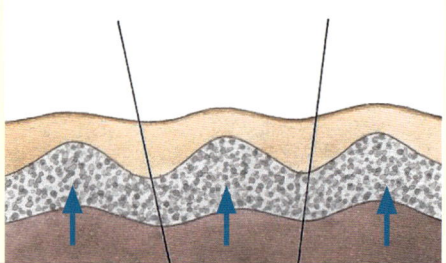

In der Erdaltzeit vor ca. 340 Mio. Jahren kollidierten zwei Erdplatten (Gondwana und Laurasia). Durch den hohen Druck aus dem Erdinneren kam es zur Auffaltung und Hebung eines Gebirges. Ein Hochgebirge entstand.

M 1

3 Die Mittelgebirge Deutschlands weisen folgende typische Formen auf: *Grabenbruch, Becken, Horstscholle, Pultscholle.* Landschaftsbeispiele sind: *Erzgebirge, Thüringer Becken, Harz* und *Oberrheinische Tiefebene*

a) Bezeichne die Abbildungen mit dem jeweils richtigen Begriff der Formen (**M 2**).

b) Weise den Formen das richtige Landschaftsbeispiel zu und trage sie ein (**M 2**).

Form: _____

Beispiel: _____

Form: _____

Beispiel: _____

Form: _____

Beispiel: _____

Form: _____

Beispiel: _____

M 2

Aus dem Meer entsteht ein Gebirge – oder „wie die Muschel auf den Berggipfel kam"

1 Lies die Entstehungsgeschichte der Alpen durch. Unterstreiche wichtige Begriffe.

2 Zeichne dir deine eigene Entstehungsgeschichte der Alpen! Fertige dazu anhand der Beschreibungen in den Kästchen möglichst exakte Bilder (mit Beschriftung) an.

3 Bedecke die Texte und erkläre deinem Partner nur anhand der Bilder, wie die Alpen entstanden sind. Erkläre auch, wie es möglich ist, dass du heute auf einem Berggipfel eine Muschel finden kannst.

Vor 75 Mio. Jahren
Europa und Afrika sind auseinandergedriftet. Zwischen den beiden Kontinenten entstand so das Ur-Mittelmeer. Auf dem Meeresboden lagerten sich von den Flüssen eingeschwemmte Sande, Schlamm und Kies ab. Aber auch die Kalkschalen toter Meerestiere bildeten dicke Kalkschichten.

Vor 40 Mio. Jahren
Afrika bewegt sich langsam wieder auf Europa zu. Dabei wurden die Meeresablagerungen zusammengepresst und unter hohem Druck und großer Hitze in der Tiefe teilweise aufgeschmolzen und gefaltet.

Vor 20 Mio. Jahren
Der Druck wurde so groß, dass sich die verformten und gefalteten Gesteinsschichten schräg stellten. Als riesige Gesteinspakete wurden sie wie „Gesteinsdecken" übereinander geschoben.

heute
Die Gesteinspakete stiegen aus dem Meer auf. Sofort begannen die erdäußeren Kräfte ihr Werk der Zerstörung und trugen die obersten Gesteinsschichten langsam ab. In den Zentralalpen war die Hebung am stärksten. Dort wurden die Gesteinsdecken aus Kalk weitgehend abgetragen, sodass die ursprünglich auf dem Meeresboden abgelagerten Gesteinsschichten an die Oberfläche gelangen. Nördlich und südlich der Zentralalpen wurde das Gebirge nicht so hoch herausgehoben und weniger stark abgetragen. Deshalb findet man dort Schichten aus Kalkstein mit den Versteinerungen von Meereslebewesen.

Die Höhenstufen der Alpen

1 Lies dir den Reisebericht von Heiko genau durch (**M 1**).
2 Ordne die Fotos von S. 41 den Höhenstufen zu, die du im Text kennengelernt hast. Schneide aus und klebe sie auf (**M 2**).

3 Beschrifte die Kästchen im Profilbild mit den richtigen Namen der Höhenstufen (**M 2**).
4 Jede Höhenstufe zeichnet sich durch ganz typische Merkmale aus. Notiere sie in Stichpunkten (**M 2**).

Mein Urlaub in den Berner Alpen

Von *Grindelwald* aus wandern wir hinauf in die *Berner Alpen*. An den Berghängen stehen zunächst **Rotbuchen** und **Fichten**. **Moose** und **Flechten** umhüllen die Borke der Bäume. Auf Waldwegen gelangen wir ab 1300 m in immer dunkler werdenden **Fichtenwald** hinein. Durch **dichten Nadelwald** geht es lange Zeit immer bergauf. Doch dann wird der Baumbewuchs zunehmend weniger dicht. Einige Bäume sind sogar **kahl**, eine Folge von Stürmen und Schneemassen. Schließlich gelangen wir in einen **breiten Gürtel von Buschdickicht**, auch _Latschen_ genannt.

Es riecht nach **Bergkiefern** und **Zwergwachholder**. Oberhalb der Latschen (ab 1900 m) sehen wir **hellgrüne Kräuter**_matten_ mit vielen Alpenblumen. Bis auf über 2000 m ziehen sie sich an einigen Stellen an den Hängen und Kämmen hinauf. Wir verlassen die grünen **Matten**. Vor uns liegt nur noch **kahler Felsschutt und Geröll**. In etwa 3000 m Höhe erreichen wir den Rand eines **Schneefeldes**. Der Weg zum Gipfelkreuz führt uns auch über **Gletschereis**. Von der Spitze des Berges erblicken wir nun viele andere Gipfel auch in weiter Ferne.

M 1

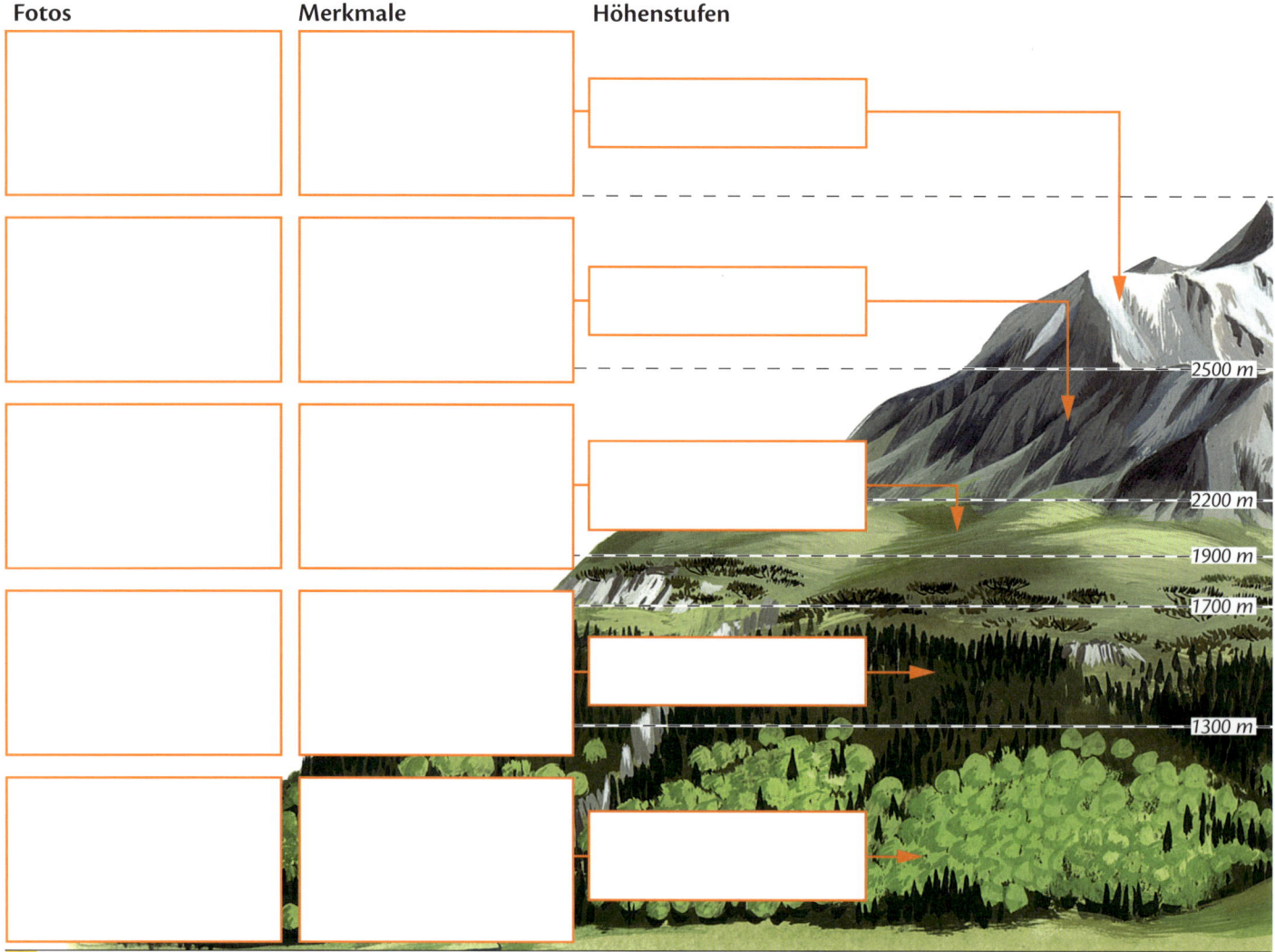

M 2 *Höhenstufen der Pflanzenwelt auf der Alpennordseite*

Die Alpen – ein attraktiver Erholungsraum

In Grindelwald ist erneut eine Diskussion entbrannt. Es soll eine neue Liftanlage mit einer neuen Skipiste gebaut werden! Auf einer hierzu einberufenen Bürgerversammlung, kommt es zu heftigen Wortgefechten zwischen Bergbauern, dem Bürgermeister, Skischulbesitzern, Stammgästen und Vertreter von Umweltverbänden.

1 Lies dir die Aussagen der an der Diskussion beteiligten Personen genau durch.
2 Ordne ihre Argumente in pro und contra Liftanlage zu. Unterstreiche die Argumente für die Anlage mit grün und gegen die Anlage mit rot.
3 Was ist deine Meinung? Schlüpfe in eine der Rollen oder denke dir eine eigene aus. Formuliere deine eigene Meinung! Begründe deine Aussage genau!

Bürgermeister

Die neue Liftanlage wird weitere Touristen anlocken. Wir werden alle noch mehr Geld verdienen und die Gemeinde kann sich dann endlich die Renovierung des alten Rathauses leisten.

Umweltverbände

Es gibt schon zu viele Anlagen. Die ganzen Berge sind voller Pisten und Skilifte. Naturverbundene Menschen kommen schon nicht mehr in unser Dorf, weil alles zugebaut ist. Außerdem würden wir durch eine weitere Piste und die damit verbundene Zerstörung des Bodens das Lawinenrisiko steigern.

Skischulbesitzer

Wir brauchen dringend weitere Möglichkeiten, mit denen wir unsere Kunden auf die Berge bringen. Die vorhandenen Anlagen schaffen es nicht, die Menschenmengen zu transportieren. Oftmals müssen die Skifahrer lange am Lift anstehen und warten. Das ist schlecht für unser Geschäft!

Unsere Lebensgrundlage wird uns genommen, denn die neue Piste führt mitten durch unsere Alm. Wir sind auf diese grünen Wiesen angewiesen. Unsere Kühe können nur dort im Sommer saftiges Gras fressen und so gute Milch geben. Den Käse, den wir daraus herstellen, verkaufen wir häufig an Touristen.

Bergbauer

Ich komme seit Jahren nach Grindelwald und habe die Entwicklung zum Touristenzentrum beobachtet. Es gibt meiner Meinung nach genügend Lifte und Pisten. Wenn die Entwicklung weiter so verläuft, werde ich nicht mehr kommen, da man kaum noch unberührte Natur finden wird.

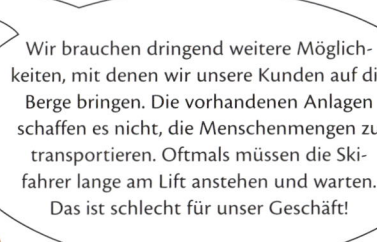

Stammgast

Flüsse gestalten die Landschaft

Benenne die abgebildeten Talformen.
1 Markiere in den Abbildungen die Tätigkeiten des fließenden Wassers! Verwende einen roten Pfeil für Abtragungs- und einem blauen Pfeil für Ablagerungsprozesse.

2 Kreuze die Tätigkeiten des fließenden Wassers entsprechend der jeweiligen Intensität an!
3 Ordne den Talformen die entsprechenden Flussabschnitte zu. Notiere!

Flussabschnitt: _____

	groß	mittel	gering
Fließgeschwindigkeit	☐	☐	☐
Transportkraft	☐	☐	☐
Abtragung	☐	☐	☐
Ablagerung	☐	☐	☐
	Alle Größen	Mittelgroß bis fein	Mittelfein bis fein
Materialtransport	☐	☐	☐

Flussabschnitt: _____

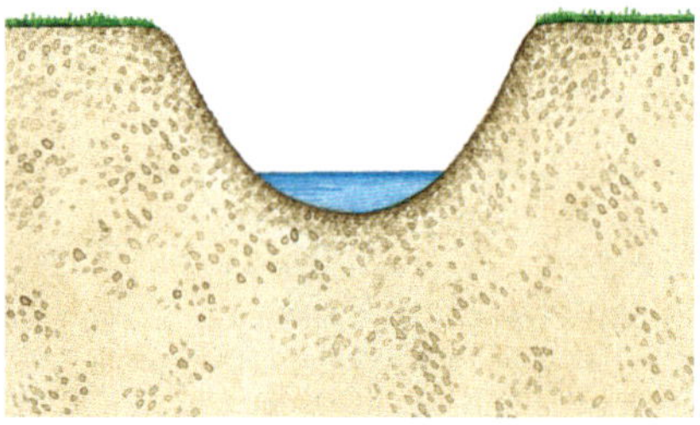

	groß	mittel	gering
Fließgeschwindigkeit	☐	☐	☐
Transportkraft	☐	☐	☐
Abtragung	☐	☐	☐
Ablagerung	☐	☐	☐
	Alle Größen	Mittelgroß bis fein	Mittelfein bis fein
Materialtransport	☐	☐	☐

Flussabschnitt: _____

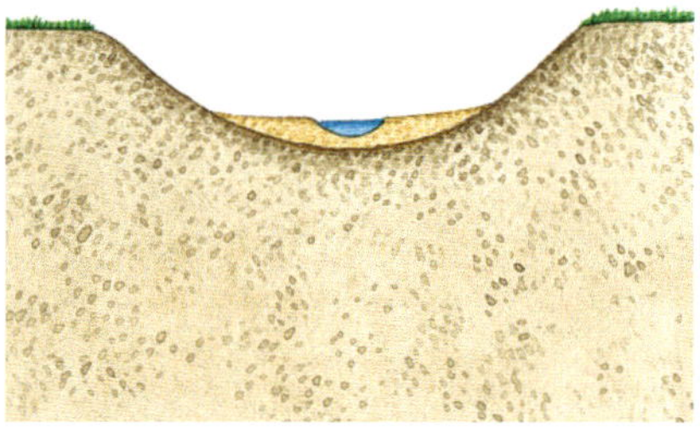

	groß	mittel	gering
Fließgeschwindigkeit	☐	☐	☐
Transportkraft	☐	☐	☐
Abtragung	☐	☐	☐
Ablagerung	☐	☐	☐
	Alle Größen	Mittelgroß bis fein	Mittelfein bis fein
Materialtransport	☐	☐	☐

Flussabschnitt: _____

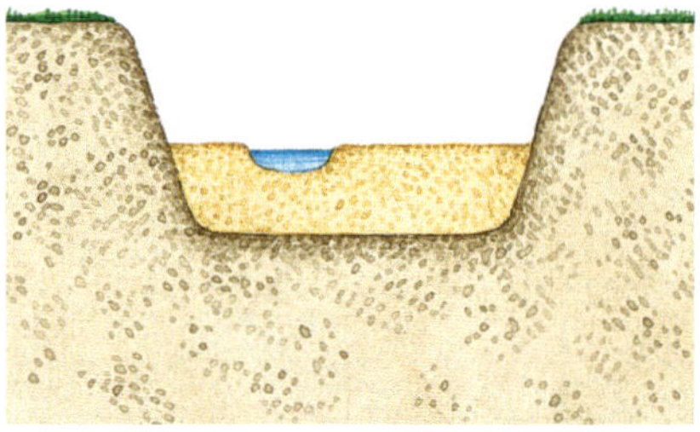

	groß	mittel	gering
Fließgeschwindigkeit	☐	☐	☐
Transportkraft	☐	☐	☐
Abtragung	☐	☐	☐
Ablagerung	☐	☐	☐
	Alle Größen	Mittelgroß bis fein	Mittelfein bis fein
Materialtransport	☐	☐	☐

Wir zeichnen ein Süd-Nord-Profil Deutschlands

Auf einer Reise von der Zugspitze bis nach Flensburg durchquerst du alle Großlandschaften Deutschlands. Du überwindest dabei Berge, fährst durch Flachland und durch Täler zwischen sanften Hügeln.
Begib dich nun auf diese Reise und erstelle ein Süd-Nord-Profil Deutschlands.

1 Ziehe zuerst eine Linie von der Zugspitze über den Brocken bis nach Flensburg. Verbinde dazu die mit Kreuzen markierten Orte.

2 Anhand der Färbungen (dunkelgrün bis dunkelbraun) in der Karte kannst du erkennen, auf welcher Höhe der jeweilige Ort / das Gebiet liegt. Lies dafür die Legende!

3 Übertrage nun die Höhenangaben der markierten Orte in die Profilvorlage.

4 Verbinde diese Punkte mit einer Linie. So erhältst du die Profillinien!

5 Trage die markierten und benannten Orte in die Profillinie ein.

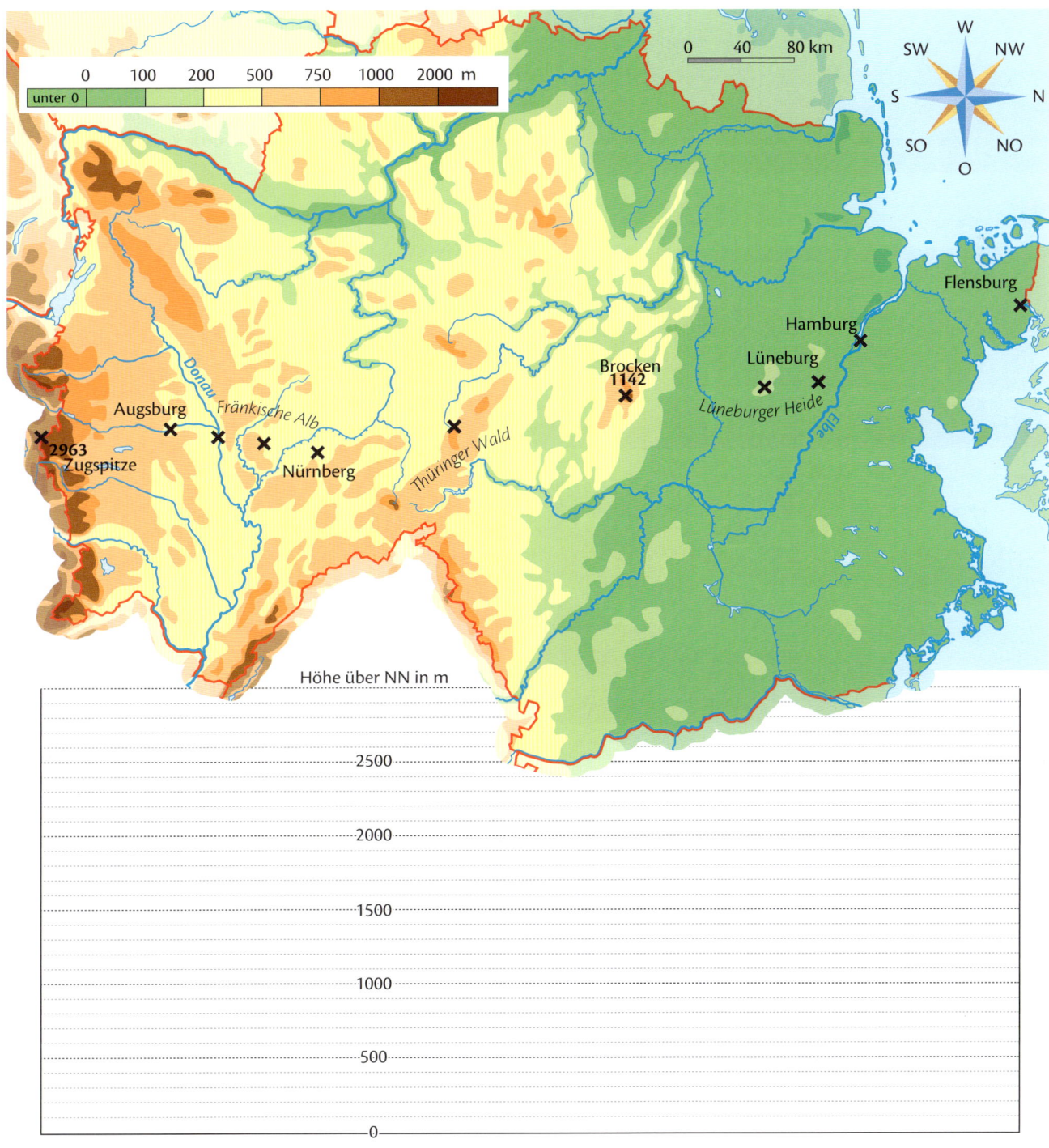

Aus Wald entsteht Kohle

Vor etwa 350 Mio. Jahren waren große Teile Mitteleuropas von einem Meer bedeckt. Im vorherrschenden tropischen Klima konnten sich riesige Sumpfwälder ausbreiten und boten somit die idealen Voraussetzungen für die Entstehung der Braun- und Steinkohle.

1 Lies die vier Texte und ordne sie den Abbildungen 1 bis 4 richtig zu. Trage dazu die Ziffern ein.

2 Finde für jeden der vier Texte eine passende Überschrift. Schreibe sie in die vorgegebenen Felder.

3 Decke die Texte ab und erläutere einem Partner die Entstehung der Kohle nur mit Hilfe der Abbildungen.

4 Finde jeweils mindestens 2 Lagerstätten für Braun- und Steinkohle! Arbeite mit dem Atlas. Trage deine Ergebnisse unten auf der Seite ein.

Durch Vorgänge im Erdinneren kam es zu Absenkungen der Erdoberfläche. Das Meer drang vor. Bäume und andere Pflanzen versanken in den Fluten. Dicke Schichten aus Sand und Ton deckten sie luftdicht ab, sodass das Holz nicht verfaulen konnte. Es wurde zu Torf.

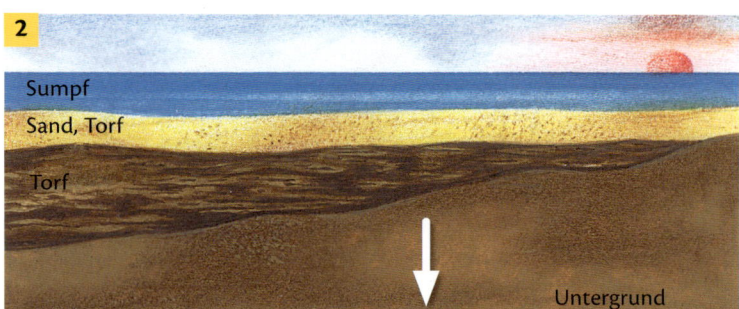

Vor Jahrmillionen herrschte im Gebiet des heutigen Mitteleuropas ein feuchtes und warmes Klima. Es wuchsen üppige Sumpfwälder. Pflanzen, wie Farne und Ackerschachtelhalme, die auch heute noch vorkommen, entwickelten sich bis zu 20 m hohen Bäumen.

Weitere Sand- und Tonschichten lagerten sich ab. Unter dem Gewicht senkte sich der Untergrund weiter. Mit dem zunehmenden Druck erhöhten sich auch die Temperaturen im Untergrund. Über Jahrmillionen hinweg wurde die Braunkohle zu Steinkohle umgewandelt.

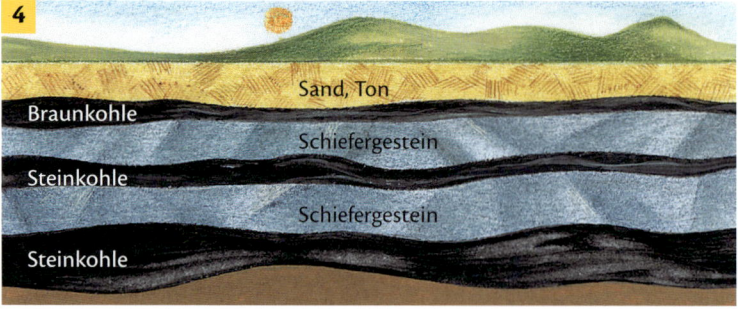

Dieser Prozess wiederholte sich bis zu 150-mal. Unter dem hohen Druck der aufliegenden Sand-, Ton- und Torfschichten und den dabei auftretenden hohen Temperaturen entstand dabei über sehr lange Zeiträume hinweg aus dem Torf Braunkohle.

Lagerstätten in Deutschland

Braunkohle: _____

Steinkohle: _____

_____

_____

Arbeitsheft

5|6

Lösungsblätter

Unsere erde

Cornelsen

Inhalt

Unsere Erde – ein Planet im Sonnensystem

1 Was ist eigentlich ein Sonnensystem?
Bringe die Satzteile in die richtige Reihenfolge und du
erhältst die Antwort!

| 1 | Ein Sonnensystem besteht |

| 3 | die um einen Stern (Sonne) |

| 4 | kreisen. |

| 2 | aus vielen Himmelskörpern (z. B. Planeten) |

2 Sonne, Erde, Mond und Sterne
Setze die Begriffe richtig ein (M1)!
*Stern, 8, Planet, Trabant,
Sonnensystems, Milchstraße*

Unser Mond ist ein __Trabant__ (Begleiter) der Erde.

Die Erde ist ein __Planet__ .

Es gibt in unserem Sonnensystem __8__ Planeten, die um die Sonne kreisen.

Die Sonne ist ein __Stern__ und der Mittelpunkt
unseres __Sonnensystems__ .

Unsere Heimatgalaxie heißt __Milchstraße__ . Sie besteht aus vielen
Sonnensystemen.

M1

3 Die Planeten unseres Sonnensystems

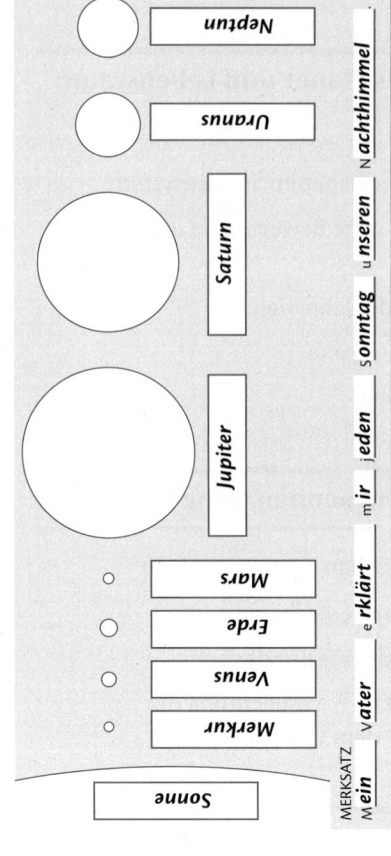

| Sonne |

| Merkur | Venus | Erde | Mars |

| Jupiter | Saturn |

| Uranus |

| Neptun |

MERKSATZ
M__ein__ v__ater__ m__ir__ j__eden__ s__onntag__ u__nseren__ n__achthimmel__ e__rklärt__ .

M2

a) Male richtig aus (**M2**)!
– Unsere Sonne ist ein Feuerball. Male die Sonne gelb und orange an.
– Unser Heimatplanet Erde wird auch „der blaue Planet" genannt. Er ist der dritte Planet.
– Merkur ist der kleinste Planet. Er ist der erste Planet neben der Sonne. Male den Merkur grau an.
– Saturn ist der sechste Planet. Er hat mehrere Ringe. Male einen blau-grünen Ring um den Saturn.
– Uranus ist der siebente Planet. Male Uranus hellbraun an.
– Der Mars wird auch „der rote Planet" genannt. Er liegt zwischen Erde und Jupiter.
– Neptun erstrahlt in einem tiefen grün. Er ist am weitesten von der Sonne entfernt.
b) Schreibe nun die **Namen der 8 Planeten** unseres Sonnensystems in das jeweils richtige Kästchen.
c) Schreibe dir darunter die **Eselsbrücke**, mit deren Hilfe du dir die Planeten besser merken kannst.

Der Planet Erde, seine Bewegungen und deren Folgen

1 Steckbrief „Unsere Erde"
Fülle den Steckbrief zum Planeten Erde aus (M1). Nutze dafür z. B. das Schulbuch und das Internet.

geometrische Form: __Kugel/Elypsoid__

Neigung der Erdachse: __23,5__ °

Bewegungen: – um die eigene Achse: __Erdrotation__
(Begriffe)   (Dauer: __1 Tag / 24 Stunden__)
       – um die Sonne: __Erdrevolution__
       (Dauer: __1 Jahr / rund 365 Tage__)

M1

2 Die Entstehung von Tag und Nacht
a) Forschungsauftrag (PA/GA): Findet heraus, warum es bei uns in Berlin (Deutschland) Nacht ist, während es in Sydney (Australien) Tag ist (M2)!

Material: (Mini-)Globus (Modell der Erde), Taschenlampe (Modell der Sonne), 2 Klebepunkt
Führt den Modellversuch wie folgt durch:
a) Haltet den Miniglobus zwischen Mittelfinger und Daumen bzw. stellt den Globus auf.
b) Sucht auf dem Globus folgende Orte: Deutschland (Berlin) und Australien (Sydney) und klebt jeweils einen Klebepunkt auf.
c) Beleuchtet den Globus mit der Taschenlampe. Haltet die Taschenlampe und den Globus wie in der Skizze.

d) Dreht den (Mini-)Globus von **Westen nach Osten** und **beobachtet** die Lichtverhältnisse an den Punkten. Ändert nicht die Position der Taschenlampe!
e) Schreibt eure Beobachtungen auf.
f) Erklärt nun, warum es in Berlin Nacht ist, wenn in Sydney Tag ist.

M2

b) Vervollständige den Lückentext (M3). Nutze dein Schulbuch.

Die Ursache für die Entstehung von Tag und Nacht auf der Erde ist die __Erdrotation__ .
Sie beschreibt die Drehung der Erde um ihre eigene Achse von __Westen__ nach __Osten__ . Eine Erdumdrehung dauert __24__ Stunden (1 Tag). Auf der sonnenzugewandten Seite ist es __Tag__ , auf den sonnenabgewandten __Nacht__ . Die __Zeitzonen__
(Gebiete gleicher Uhrzeit) sind die Folge dieser Beleuchtungsverhältnisse. Insgesamt gibt es 24 von ihnen mit jeweils einer Stunde Zeitunterschied.

M3

c) Färbe in der Abbildung die von der Sonne beleuchtete Seite der Erde (Tagseite) gelb ein (M4).
d) Welche Tageszeit ist gerade in Berlin? Betrachte die Abbildung genau!
Es ist __Morgen (7:00 Uhr)__

SONNE

M4

Die Entstehung der Jahreszeiten

In Deutschland und in vielen anderen Ländern der Erde wird der Jahresablauf wesentlich durch den Wechsel der Jahreszeiten geprägt. Das ist aber nicht in allen Gebieten der Erde so.
Wie entstehen Jahreszeiten?
1 Beschrifte die Abbildung zur Entstehung der Jahreszeiten auf der Nordhalbkugel mit Hilfe der Wörterliste (M1). Nutze auch das Schulbuch.

21. Dezember — Winter — Herbst — 21. März — Frühling — Sommer — 23. September — 21. Juni — Polartag — Polarnacht

Sommer   Herbst   Winter   Frühling   Polartag   Polarnacht

21. Juni   21. März   23. September   21. Dezember

M1

2 Am 21. Dezember herrscht am Nordpol Polarnacht. Am Südpol aber geht die Sonne nicht unter. Gestalte die beiden Abbildungen farbig (gelb für beleuchtete Gebiete, blau für Nacht). Ordne den Abbildungen (M2) die richtigen Fakten zu. Ziehe hierzu Verbindungslinien!

Beleuchtung der Erde am 21. Dezember
Sommersonnenwende
Wintersonnenwende
Polartag am Nordpol
Polartag am Südpol
Polarnacht am Nordpol
Polarnacht am Südpol
Nordhalbkugel der Sonne zugeneigt
Südhalbkugel der Sonne zugeneigt
Beleuchtung der Erde am 21. Juni

M2

3 Werte das Schema (M3) aus!
a) Finde im Atlas Länder oder Städte der Erde mit stets gleich langen Tagen.
Städte und Länder am Äquator:
Singapur, Kampala, Quito;
Ecuador, Kolumbien, Gabun, Kenia
b) Nenne Gebiete, in denen zeitweise keine bzw. 24 h lang die Sonne scheint.
Nordpol, Südpol, Nordkap, Kap Norvegia,
Gebiete nördlich des nördlichen Polarkreises,
Gebiete südlich des südlichen Polarkreises

Diagramm (Tag/Nacht) mit Spalten: Nordpol, Nordkap, Mitteleuropa, Äquator, Patagonien, Kap Norvegia, Südpol; Zeilen: 1. Jan., 1. Feb., 1. März, 1. April, 1. Mai, 1. Juni, 1. Juli, 1. Aug., 1. Sep., 1. Okt., 1. Nov., 1. Dez.

M3

Hilfe auf hoher See

Ein Öltanker ist vor der Westküste Afrikas mit einem anderen Schiff zusammengestoßen. Öl läuft aus. Der Kapitän will schnell Hilfe anfordern, um einen noch größeren Schaden zu vermeiden. Dazu versucht er, alle Schiffe in seiner Umgebung ausfindig zu machen und zu informieren.

M1

(Karte: Westküste Afrikas mit Gradnetz)

östliche Länge — westliche Länge — nördliche Breite — südliche Breite

ATLANTISCHER OZEAN — Null-Meridian — Äquator

Städte: Jaunde, Duala, Malabo, Libreville, Principe, São Tomé, Pagalu, Ibadan, Lagos, Porto Novo, Lomé, Akkra, Abidschan

Schiff A, Schiff B, Schiff C, Schiff D, Schiff E

km 0 100 200 300

1 Trage zu deiner Orientierung in die freien Felder der Karte die Bezeichnungen *nördliche Breite, südliche Breite, östliche Länge, westliche Länge* ein (M1).

2 Suche den verunglückten Tanker auf der Karte. Gib die Position des Schiffes mit Hilfe des Gradnetzes an.

Position des verunglückten Tankers:

3° s. Br. / 3° w. L.

3 Auf den Hilferuf des Tankers melden sich 5 Schiffe (A bis E). Sie geben ihre Positionen an. Trage diese Schiffe in die Karte ein (M1).

4 Welches Schiff ist der Unglücksstelle am nächsten (M2)?

5 Aus den Hafenstädten Abidschan, Akkra und Lagos wird ebenfalls Hilfe angeboten. Gib für diese Städte die ungefähre Lage im Gradnetz an (M3).

M2

Positionen der anderen Schiffe:

Schiff A 1° n. Br. / 5° w. L.	Schiff D 2° s. Br. / 2° ö. L.
Schiff B 3° n. Br. / 3° ö. L.	Schiff E 4° n. Br. / 2° w. L.
Schiff C 4° s. Br. / 8° ö. L.	

Das Schiff **A** ist der Unglücksstelle am nächsten.

M3

Lage der Städte im Gradnetz:

Abidschan	**5° n. Br. / 4° w. L.**
Akkra	**5° n. Br. / 0° Nullmeridian**
Lagos	**6° n. Br. / 4° ö. L.**

Kontinente und Ozeane

Auf dieser Seite sind die Kontinente und Ozeane durcheinander geraten. Versuche diese zu sortieren.

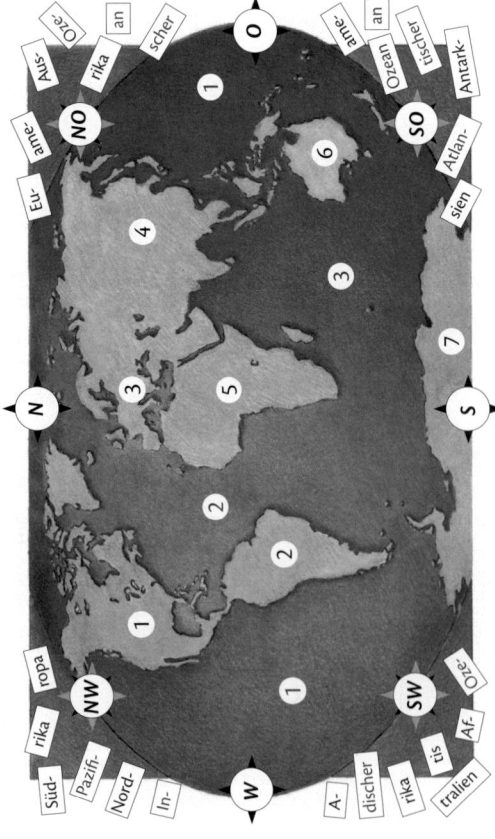

M1

1 Setze die Namen der Kontinente und Ozeane zusammen und schreibe sie in die Liste. Beachte die richtige Zuordnung zu den Ziffern (M1, M2).

2 Ergänze in den freien Feldern am Kartenrand die Himmelsrichtungen. Benutze dazu die üblichen Kurzformen (z. B. SO für Südost).

3 Vervollständige die Sätze (M3).
a) Trage die Himmelsrichtung ein.
b) Suche nach Kontinenten mit dieser Lagebeziehung.

M2

Kontinente und Ozeane

1	*Nordamerika*	
2	*Südamerika*	
3	*Europa*	
4	*Asien*	
5	*Afrika*	
6	*Australien*	
7	*Antarktis*	
1	*Pazifischer Ozean*	
2	*Atlantischer Ozean*	
3	*Indischer Ozean*	

M3

Europa liegt	**nördlich**	von Afrika.
Afrika liegt	**nordwestlich**	von Australien.
Asien liegt	**östlich**	von Europa.
Australien liegt	**südöstlich**	von Asien.

Afrika	liegt südwestlich von	**Asien**
Europa	liegt nordöstlich von	**Südamerika**
Nordamerika	liegt nordwestlich von	**Afrika**
Australien	liegt südöstlich von	**Asien**

Kennst du dich in Deutschland aus?

1 Vervollständige die Legende! Ordne den Zahlen und Buchstaben die topographischen Begriffe zu.

Großlandschaften

A _Norddeutsches Tiefland_ _____ _____   C _Alpenvorland_ _____

B _Mittelgebirgsland_ _____ _____   D _Alpen_ _____

Flüsse und Seen

a _Ems_ _____   i _Main_ _____

b _Weser_ _____   j _Neckar_ _____

c _Elbe_ _____   k _Donau_ _____

d _Oder_ _____   l _Inn_ _____

e _Rhein_ _____   m _Bodensee_ _____

f _Ruhr_ _____   n _Müritz_ _____

g _Saale_ _____   o _Chiemsee_ _____

h _Mosel_ _____

M 2

Meere

A _Nordsee_ _____   B _Ostsee_ _____

M 3

2 Trage die Gebirge (schwarze Kleinbuchstaben) in die Karte ein!

a Harz   i Odenwald
b Rothaargebirge   j Fränkische Alb
c Eifel   k Bayerische Wald
d Hunsrück   l Schwäbische Alb
e Taunus   m Schwarzwald
f Rhön   n Westerwald
g Thüringer Wald   o Spessart
h Erzgebirge   p Vogelsberg

M 4

M 1

Deutschland zwischen Küste und Alpen

1 Trage die Namen der Nachbarstaaten Deutschlands in die Kästchen ein.

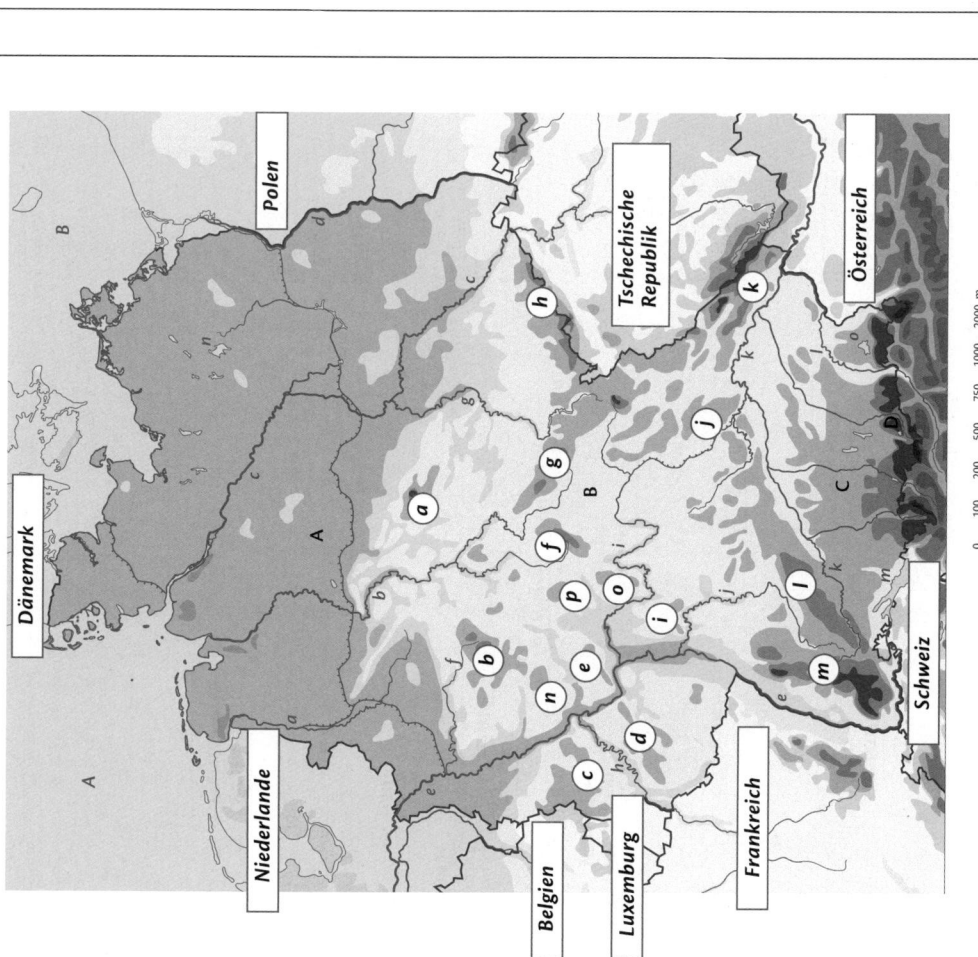

M 1

Deutschland und seine Bundesländer

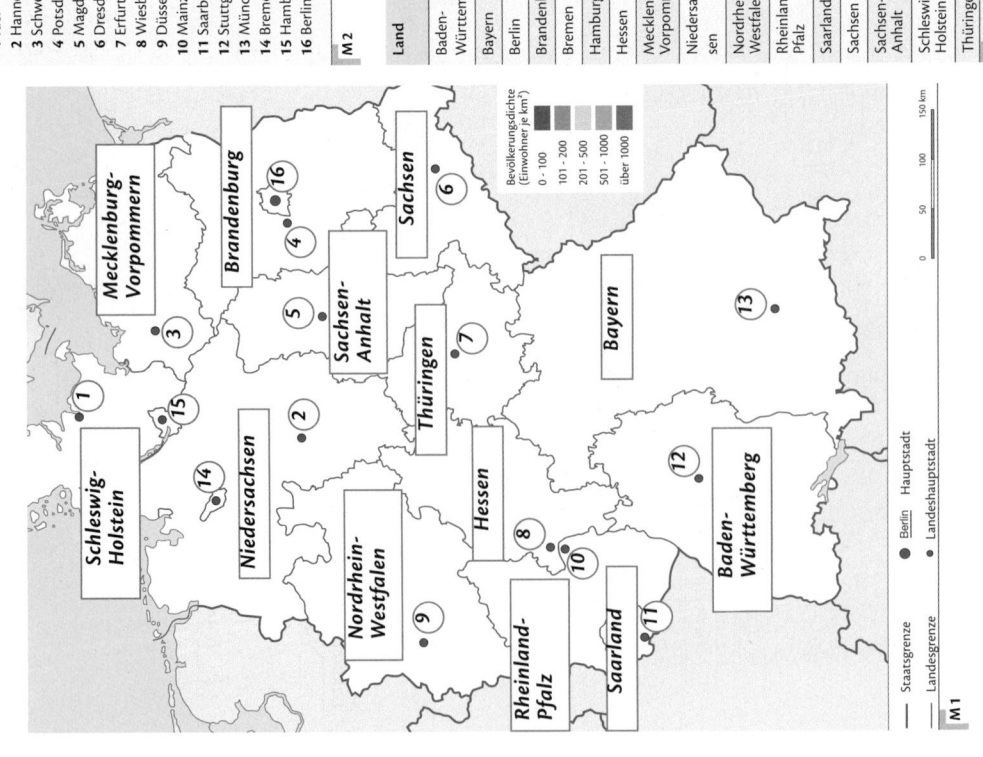

Hauptstädte der Bundesländer

1 Kiel
2 Hannover
3 Schwerin
4 Potsdam
5 Magdeburg
6 Dresden
7 Erfurt
8 Wiesbaden
9 Düsseldorf
10 Mainz
11 Saarbrücken
12 Stuttgart
13 München
14 Bremen
15 Hamburg
16 Berlin

M2

Land	Einw. je km²
Baden-Württemberg	301
Bayern	177
Berlin	3861
Brandenburg	85
Bremen	1637
Hamburg	2349
Hessen	287
Mecklenburg-Vorpommern	71
Niedersachsen	166
Nordrhein-Westfalen	524
Rheinland-Pfalz	202
Saarland	398
Sachsen	226
Sachsen-Anhalt	115
Schleswig-Holstein	179
Thüringen	139

M3

Bevölkerungsdichte (Einwohner je km²)
0 - 100
101 - 200
201 - 500
501 - 1000
über 1000

Staatsgrenze
Landesgrenze
● Berlin Hauptstadt
● Landeshauptstadt

M1

1 Trage die Namen der Bundesländer in die Karte ein (M 1).
2 Trage die Hauptstädte der Bundesländer (Zahlen) in die Karte ein (M 1, M 2).
3 In welchen Bundesländern leben die meisten Einwohner auf einem km² und wo ist die Bevölkerungsdichte gering? Finde es heraus! Gestalte die Karte entsprechend der Legende farbig (M3).

Berlin und Potsdam – Verflechtung der Hauptstädte mit dem Umland

1 Ordne den Städten sowie dem Umland ihre entsprechenden Funktionen zu. Dabei helfen dir die angegebenen Symbole (M 1 bis M 3).
2 Stelle mit Hilfe von Pfeilen die Verflechtungen zwischen den Städten und dem Umland dar (M 3).

 **Berlin**

 **Potsdam**

Wohnen, Arbeitsplätze, Wissenschaft und Bildung, Geschäfte, Kultur, Krankenhäuser und Ärzte, Behörden, Landwirtschaft, Freizeit, Ver- und Entsorgungseinrichtungen, Wohnen, Landeshauptstadt, Bundeshauptstadt; Sitz der Bundesregierung, diplomatischer Vertretungen u.a.: Sitz des Landtages und der Landesregierung

M1

– *Bundeshauptstadt*
– *Sitz der Bundesregierung, diplomatischer Vertretungen u.a.*
– *Landeshauptstadt*
– *Sitz des Landtages und der Landesregierung*

M2

Krankenhäuser und Ärzte | Behörden | Wissenschaft u. Bildung | Arbeitsplätze | Kultur | Geschäfte | Wohnen

Landwirtschaft | Wohnen | Freizeit | Ver- u. Entsorgungseinrichtungen

Stadt
Umland

M3

Das Norddeutsche Tiefland – vom Eis geformt

Vor ca. 2,6 Mio. Jahren begann das letzte Eiszeitalter, das Pleistozän. In dieser Zeit lagen große Teile Europas über 2 Mio. Jahre lang unter einem dicken Eisschild. Es entstand eine typische Abfolge von Gletschern geschaffener Oberflächenformen – die glaziale Serie. Doch wie geschah das alles? Begib dich auf die Reise durch die letzte Eiszeit...

1 Lies unter „Was ist passiert?" die Abfolge der Entstehung der glazialen Serie. Unterstreiche wichtige Worte (M 1).

2 Ordne die Abb. der Entstehung der glazialen Serie von S. 41 richtig zu. Schneide sie aus und klebe sie an die richtige Stelle in die Tabelle.

3 Beschrifte die Abbildungen mit folgenden Begriffen: *Inlandeis, Urstromtal, Sander, Endmoräne, Grundmoräne, Eisrand, Toteissee*

Die Entstehung der glazialen Serie

	Abbildungen	Was ist passiert?
Vor 2,6 bis etwa 200 000 Jahren	*Sander* *Inlandeis* *Grundmoräne* *Urstromtal* *Endmoräne*	Es herrschten sehr niedrige Temperaturen. In Skandinavien entstand ein bis zu 4000 Meter dicker Eispanzer. Man nennt dies Inlandeis. Der Eispanzer breitete sich in alle Richtungen aus, auch bis zum Rand der heutigen deutschen Mittelgebirge. Dort waren die Temperaturen so, dass das Inlandeis „stehen blieb". Es schmolz und lagerte das mitgeführte Material am Eisrand ab.
vor etwa 40 000 Jahren	*Sander* *Inlandeis* *Eisrand* *Grundmoräne* *Urstromtal* *Endmoräne*	Durch das ablaufende Schmelzwasser bildeten sich breite Urstromtäler. Am Gletscherrand entstand die Endmoräne. Sie besteht aus Materialien, die das Eis vor sich herschob. Aber auch aus großen Gesteinen, die beim Abtauen des Eises am Eisrand aufgeschüttet wurden. Die feineren Bestandteile wurden vom Schmelzwasser weitertransportiert. Sie lagerten sich vor den Urstromtälern als Sander ab. Nachdem das Eis ganz abgeschmolzen war, wurde auch der Untergrund wieder freigelegt. Diesen bezeichnet man als Grundmoräne.
heute	*Sander* *Toteissee* *Grundmoräne* *Urstromtal* *Endmoräne*	Durch das Eis wurden auch große Gesteinsblöcke mit nach Norddeutschland transportiert, die nach dem Abschmelzen einfach liegenblieben: die Findlinge. Einige kleine Eisblöcke blieben beim Rückzug des Eises im Boden zurück. Sie tauten erst später auf. So entstanden Toteisseen.

M 1

Ebbe und Flut an der Nordseeküste

Jeden Tag lässt sich an der Nordseeküste ein Naturschauspiel beobachten. Zweimal täglich steigt das Wasser langsam an und zweimal am Tag fließt es wieder zurück

1 Erkläre dieses Naturschauspiel! Ergänze nun den Lückentext mit folgenden Begriffen: *Hochwasser, Niedrigwasser, Ebbe, Flut, Anziehungskraft, Fliehkräfte, einmal, zweimal, 6 h 12 min, 6 h 12 min, Wasserberg, Wasserberg*

Gezeiten sind der ständige Wechsel zwischen __Ebbe__ und __Flut__ .

Bei Flut steigt der Wasserspiegel bis der höchste Wasserstand, das __Hochwasser__ erreicht ist. Das dauert ca. __6 h 12 min__ . Danach sinkt der Wasserstand wieder, die Ebbe beginnt.

Bis der niedrigste Wasserstand, das __Niedrigwasser__ erreicht ist, vergehen wieder ca. __6 h 12 min__ .

Obwohl der Mond 385 000 km entfernt ist, wirkt seine __Anziehungskraft__ auf der Erde. Er zieht auf der ihm zugewandten Seite das Wasser an, so dass sich dort ein __Wasserberg__ bildet. Weil die Erde sich um die eigene Achse dreht, türmt sich durch die __Fliehkräfte__ auf der gegenüberliegenden Seite auch ein __Wasserberg__ auf.

Die Erde dreht sich an einem Tag __einmal__ um sich selbst.

Wir drehen uns also in 24 Stunden je __zweimal__ in den Wasserberg hinein und hinaus.

M 1

2 a) Vervollständige die Grafik mit den richtigen Begriffen: *Erde, Mond, Wasserberg, Fliehkräfte, Anziehungskraft*

b) Markiere die Gebiete auf der Erde, die gerade Flut haben, blau.

Wasserberg

Fliehkräfte

Erde

N

Mond

Anziehungskraft

M 2

Von Borkum bis Usedom – vielfältig gegliederte Küsten

Die Küsten der Nord- und Ostsee unterscheiden sich nicht nur anhand ihres Profils (Steil- und Flachküste). Aus der Vogelperspektive betrachtet, zeigen sich noch weitere vielfältige Küstenarten.

1 Skizziere die Küstenarten (M2).
2 Wie entstanden diese Formen? Erkläre in Stichpunkten.
3 Gib das Vorkommen der Küstenarten an Nord- und Ostsee so genau wie möglich an. Nutze dafür die Karte M1.

M1 Gliederung der Küsten an Nord- und Ostsee

Legende: Wattenküste, Marschenküste, Fördenküste, Flachküste, Buchtenküste, Ausgleichküste, Boddenküste, Steilküste

Küstenart	Skizze	Entstehung	Verbreitung
Watt		*Flache Küste; täglicher Wechsel von Ebbe und Flut; Ablagerung von Sand, Ton und Schlick*	*Gesamter Küsten-bereich der Nord-see*
Förde		*Weit ins Land reichende schmale Buchten; durch Gletscher und Schmelzwasser ausgeformt*	*Westliche Ostsee zwischen Dänemark und Fehmarn*
Bodden		*Überschwemmte flache Becken zwischen Moränenhügeln, vom Meer fast abgeschlossen*	*Ostsee, Nordostküste Deutschlands zwischen Darß, Rügen und Usedom*
Ausgleichs-küste		*Flache geradlinige Küste; Strömung trägt Sand am Strand ab, transportiert ihn weiter und lagert ihn ab; Nehrung entsteht*	*Ostseeküste von Wismar bis Darß*

M2

Wind und Wellen zerstören die Küste und bauen sie auf

An den Küsten treffen Land und Meer aufeinander. Die Steil- und Flachküsten an Nord- und Ostsee werden vor allem durch Wind, Wasser, Regen und Frost ständig verändert. Der Mensch greift in diese Prozesse ein. Zum Schutz der Küsten werden verschiedene Maßnahmen getroffen.

1 Beschrifte in den Abbildungen die Teile der Steil- und Flachküste mit den richtigen Begriffen (M1, M2).

2 Steil- und Flachküsten verteilen sich an Nord- und Ostsee sehr unterschiedlich. Kreuze an, wo du welche Küstenform häufig finden kannst (M1, M2).

3 Recherchiere! Finde heraus, welche Maßnahmen zum Schutz der Steil- bzw. Flachküste getroffen werden und wovor sie schützen sollen. Ordne sie mit Hilfe der Abbildungen richtig zu (M3).

Steilküste
Kliff, Brandungskehle, Blockstrand, Kliffhalde

Vorkommen an Nord- und Ostsee: ☐ Nordsee ☒ Ostsee

M1

Flachküste
Sandkliff, Düne, Spülsaum, Strandwall

Vorkommen an Nord- und Ostsee: ☒ Nordsee ☒ Ostsee

M2

Maßnahmen zum Küstenschutz:

Buhnen	*Wellenbrecher, reduzieren Kraft der Wellen; Schutz des Ufers vor Abtragung*
Steinblöcke	*Wellenbrecher, Reduzieren Kraft der Wellen; Schutz des Ufers vor Abtragung*
Deiche	*Künstlicher Wall, Schutz vor Hochwasser und Sturmfluten*
Lahnungen	*Holzpfähle mit Reisig, Ablagerung von Schlick, Neulandgewinnung*

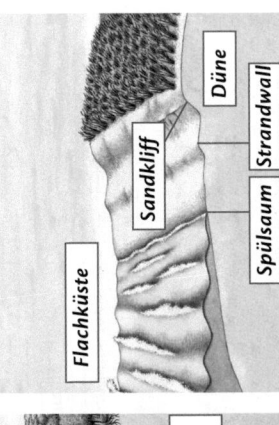
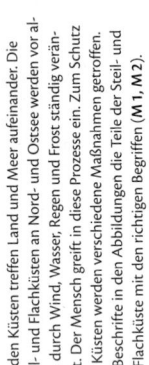

M3

Älter als man denkt! – Die Entstehung und Form der Mittelgebirge

Wie in einem Film kannst du hier die Entstehungsgeschichte unserer erdgeschichtlich recht alten Mittelgebirge nachvollziehen. Leider sind die Textsequenzen durcheinander geraten.

1 Lies die Texte über die Entstehung der Mittelgebirge genau durch. Unterstreiche wichtige Begriffe und Vorgänge farbig (M1).
2 Ordne den Abbildungen die richtigen Vorgänge zu. Ziehe Verbindungslinien (M1).

Dieser Prozess kam zum Stillstand. Durch erdäußere Kräfte (Wind, Regen, Temperaturschwankungen) wurde das Hochgebirge über viele Millionen Jahre hinweg eingeebnet. Vor ca. 65 Mio. Jahren entstand so eine fast ebene Landschaft.

Erneut kollidierten vor ca. 10 Mio. Jahren zwei Erdplatten (Eurasien und Afrika) und führten so zu Spannungen in der Erdkruste. Es bildeten sich Risse und Spalten. Das alte Grundgebirge zerbrach schließlich große Schollen. Einige Schollen wurden gehoben, andere gesenkt oder schräg gestellt.

In der Erdaltzeit vor ca. 340 Mio. Jahren kollidierten zwei Erdplatten (Gondwana und Laurasia). Durch den hohen Druck aus dem Erdinneren kam es zur Auffaltung und Hebung eines Gebirges. Ein Hochgebirge entstand.

vor ca. 340 Mio. Jahren

vor ca. 65 Mio. Jahren

vor ca. 10 Mio. Jahren

M1

3 Die Mittelgebirge Deutschlands weisen folgende typische Formen auf: Grabenbruch, Becken, Horstscholle, Pultscholle. Landschaftsbeispiele sind: Erzgebirge, Thüringer Becken, Harz und Oberrheinische Tiefebene

a) Bezeichne die Abbildungen mit dem jeweils richtigen Begriff der Formen (M2).
b) Weise den Formen das richtige Landschaftsbeispiel zu und trage sie ein (M2).

Form: Horstscholle
Beispiel: Harz

Form: Grabenbruch
Beispiel: Oberrheinische Tiefebene

Form: Becken
Beispiel: Thüringer Becken

Form: Pultscholle
Beispiel: Erzgebirge

M2

Aus dem Meer entsteht ein Gebirge – oder „wie die Muschel auf den Berggipfel kam"

1 Lies die Entstehungsgeschichte der Alpen durch. Unterstreiche wichtige Begriffe.
2 Zeichne dir deine eigene Entstehungsgeschichte der Alpen! Fertige dazu anhand der Beschreibungen in den Kästchen möglichst exakte Bilder (mit Beschriftung) an.
3 Bedecke die Texte und erkläre deinem Partner nur anhand der Bilder, wie die Alpen entstanden sind. Erkläre auch, wie es möglich ist, dass du heute auf einem Berggipfel eine Muschel finden kannst.

Vor 75 Mio. Jahren
Europa und Afrika sind auseinandergedriftet. Zwischen den beiden Kontinenten entstand so das Ur-Mittelmeer. Auf dem Meeresboden lagerten sich von den Flüssen eingeschwemmte Sande, Schlamm und Kies ab. Aber auch die Kalkschalen toter Meerestiere bildeten dicke Kalkschichten.

Vor 40 Mio. Jahren
Afrika bewegt sich langsam wieder auf Europa zu. Dabei wurden die Meeresablagerungen zusammengepresst und unter hohem Druck und großer Hitze in der Tiefe teilweise aufgeschmolzen und gefaltet.

Vor 20 Mio. Jahren
Der Druck wurde so groß, dass sich die verformten und gefalteten Gesteinsschichten schräg stellten. Als riesige Gesteinspakete wurden sie wie „Gesteinsdecken" übereinander geschoben.

heute
Die Gesteinspakete stiegen aus dem Meer auf. Sofort begannen die erdäußeren Kräfte ihr Werk der Zerstörung und trugen die obersten Gesteinsschichten langsam ab. In den Zentralalpen war die Hebung am stärksten. Dort wurden die Gesteinsdecken aus Kalk weitgehend abgetragen, sodass die ursprünglich auf dem Meeresboden abgelagerten Gesteinsschichten an die Oberfläche gelangen. Nördlich und südlich der Zentralalpen wurde das Gebirge nicht so hoch herausgehoben und weniger stark abgetragen. Deshalb findet man dort Schichten aus Kalkstein mit den Versteinerungen von Meereslebewesen.

Die Höhenstufen der Alpen

1 Lies dir den Reisebericht von Heiko genau durch (M 1).
2 Ordne die Fotos von S. 41 den Höhenstufen zu, die du im Text kennengelernt hast. Schneide aus und klebe sie auf (M 2).
3 Beschrifte die Kästchen im Profilbild mit den richtigen Namen der Höhenstufen (M 2).
4 Jede Höhenstufe zeichnet sich durch ganz typische Merkmale aus. Notiere sie in Stichpunkten (M 2).

Mein Urlaub in den Berner Alpen

Von *Grindelwald* aus wandern wir hinauf in die *Berner Alpen*. An den Berghängen stehen zunächst **Rotbuchen** und **Fichten**. **Moose** und **Flechten** umhüllen die Borke der Bäume. Auf Waldwegen gelangen wir ab 1300 m in immer dunkler werdenden **Fichtenwald** hinein. Durch **dichten Nadelwald** geht es lange Zeit immer bergauf. Doch dann wird der Baumbewuchs zunehmend weniger dicht. Einige Bäume sind sogar **kahl**, eine Folge von Stürmen und Schneemassen. Schließlich gelangen wir in einen **breiten Gürtel von Buschdickicht**, auch *Latschen* genannt.

Es riecht nach **Bergkiefern** und **Zwergwacholder**. Oberhalb der Latschen (ab 1900 m) sehen wir **hellgrüne Kräutermatten** mit vielen Alpenblumen. Bis auf über 2000 m ziehen sie sich an einigen Stellen an den Hängen und Kämmen hinauf. Wir verlassen die grünen **Matten**. Vor uns liegt nur noch **kahler Felsschutt und Geröll**. In etwa 3000 m Höhe erreichen wir den Rand eines **Schneefeldes**. Der Weg zum Gipfelkreuz führt uns auch über **Gletschereis**. Von der Spitze des Berges erblicken wir nun viele andere Gipfel auch in weiter Ferne.

M1

Fotos	Merkmale	Höhenstufen
	Schroffe kahle Felsen, Eis und Schnee	Eis (Gletscher)
	Kahler Felsschutt, Geröll	Fels und Schutt
	Buschdickicht mit Zwergbäumen und -sträuchern, Kräuterwiesen mit Alpenblumen	Matten und Latschen
	dichter Baumbestand (Nadelwald)	Nadelwald
	Dichter Baumbestand (Mischwald) mit Moosen und Flechten	Mischwald (Nadel- und Laubwald)

3500 m
2200 m
1900 m
1700 m
1300 m

M2 *Höhenstufen der Pflanzenwelt auf der Alpennordseite*

Die Alpen – ein attraktiver Erholungsraum

In Grindelwald ist erneut eine Diskussion entbrannt. Es soll eine neue Liftanlage mit einer neuen Skipiste gebaut werden! Auf einer hierzu einberufenen Bürgerversammlung, kommt es zu heftigen Wortgefechten zwischen Bergbauern, dem Bürgermeister, Skischulbesitzern, Stammgästen und Vertreter von Umweltverbänden.

1 Lies dir die Aussagen der an der Diskussion beteiligten Personen genau durch
2 Ordne ihre Argumente in pro und contra Liftanlage zu. Unterstreiche die Argumente für die Anlage mit grün und gegen die Anlage mit rot.
3 Was ist deine Meinung? Schlüpfe in eine der Rollen oder denke dir eine eigene aus. Formuliere deine eigene Meinung! Begründe deine Aussage genau!

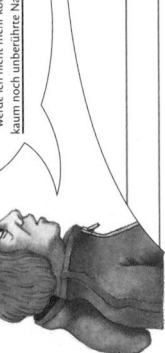

Umweltverbände

Bergbauer

Bürgermeister: Die neue Liftanlage wird weitere Touristen anlocken. Wir werden alle noch mehr Geld verdienen und die Gemeinde kann sich dann endlich die Renovierung des alten Rathauses leisten.

Umweltverbände: Es gibt schon zu viele Anlagen. Die ganzen Berge sind voller Pisten und Skilifte. Naturverbundene Menschen kommen schon nicht mehr in unser Dorf, weil alles zugebaut ist. Außerdem würden wir durch eine weitere Piste und die damit verbundene Zerstörung des Bodens das Lawinenrisiko steigern.

Bergbauer: Unsere Lebensgrundlage wird uns genommen, denn die neue Piste führt mitten durch unsere Alm. Wir sind auf diese grünen Wiesen angewiesen. Unsere Kühe können nur dort im Sommer saftiges Gras fressen und so gute Milch geben. Den Käse, den wir daraus herstellen, verkaufen wir häufig an Touristen.

Skischulbesitzer: Wir brauchen dringend weitere Möglichkeiten, mit denen wir unsere Kunden auf die Berge bringen. Die vorhandenen Anlagen schaffen es nicht, die Menschenmengen zu transportieren. Oftmals müssen die Skifahrer lange am Lift anstehen und warten. Das ist schlecht für unser Geschäft!

Stammgast: Ich komme seit Jahren nach Grindelwald und habe die Entwicklung zum Touristenzentrum beobachtet. Es gibt meiner Meinung nach genügend Lifte und Pisten. Wenn die Entwicklung weiter so verläuft, werde ich nicht mehr kommen, da man kaum noch unberührte Natur finden wird.

Bürgermeister

Skischulbesitzer

Stammgast

Die Lausitz – vom Tagebau zum Seenland

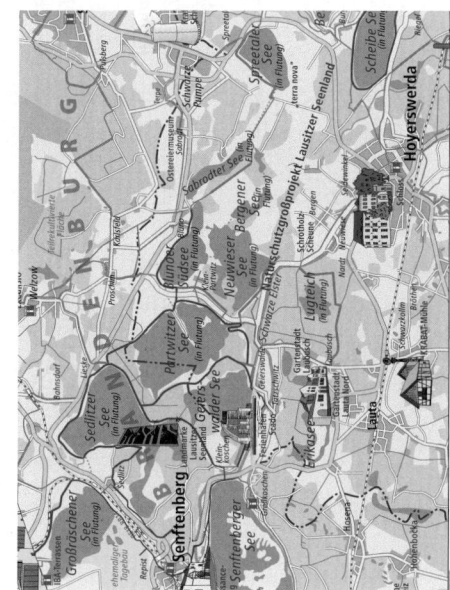

Erstelle einen Werbeflyer, der unter dem Slogan „Erholung am und im Wasser" das Lausitzer Seenland für Touristen attraktiv macht.
Sei kreativ! Schreibe z. B. einen Werbetext oder formuliere Werbesprüche.
Benenne dabei ganz konkrete Sehenswürdigkeiten, Seen sowie Erholungs- und Freizeitmöglichkeiten.
Arbeite mit der Karte (M1).

M 1 Karte des Lausitzer Seenlandes (Ausschnitt)

Erholung an und im Wasser
Das Lausitzer Seenland hat viel zu bieten

Sie suchen Ruhe, Natur und viele verschiedene Freizeitmöglichkeiten? Dann sind sie im

Lausitzer Seenland genau richtig!

Zwischen Senftenberg und Weißwasser erstreckt sich die neue Lausitzer Seenkette,

deren einzelne Seen über Kanäle miteinander verbunden sind. Ideal für einen Wasser-

wander-Urlaub mit Paddel-, Segel- oder Motorbooten! Aber auch Jet-Boot-fahren

oder eine Ausflug mit Fahrgastschiffen ist möglich.

Des Weiteren kommen auch Reit-, Rad-, Wander- und Badefreunde auf ihre Kosten.

Denn ausgedehnte Strände, Strandbäder und ein weitverzweigtes Wanderwegenetz

laden sie ein.

Diese und noch viele weitere Angebote können sie derzeit u.a. an folgenden Seen

finden: Senftenberger See, Bernsteinsee, Knappensee, Mortkasee, Silbersee und Bär-

walder See. Viele weitere Wasserflächen befinden sich in Flutung und stehen ihnen

künftig zur Verfügung.

Aber nicht nur auf und am Wasser hat das Lausitzer Seenland viel zu bieten. Besu-

chen sie sich doch einmal die Gartenstädte Laubusch und Marga, den Euro-Speedway

Lausitz, das Renaissanceschloss Senftenberg oder das Schloss Hoyerswerda. ...

M 2

Europa – was ist das eigentlich und wer gehört dazu?
Rätselseite

1 Kreuze an: richtig oder falsch? Berichtige die falschen Aussagen.

Aussage	richtig	falsch	Richtig muss es heißen:
Die Abkürzung „EU" steht für „Eurasische Union".		X	*Europäische Union*
Die EU ist ein freiwilliger Zusammenschluss von derzeit 28 europäischen Ländern.	X		
Die gemeinsame Währung heißt „Krone".		X	*Euro*
Innerhalb der EU wird der freie Verkehr von Waren, Dienstleistungen, Geld und Personen nicht gewährleistet.		X	*Es gibt keine Grenzkontrollen.*
Europa ist der größte Kontinent		X	*Europa ist der fünftgrößte Kontinent.*
Der Kontinent Europa ist im Osten durch das Uralgebirge und im Westen durch den Pazifik begrenzt.		X	*Europa wird im Westen durch den Atlantik begrenzt.*
Athen ist die Hauptstadt von Frankreich.		X	*Athen ist die Hauptstadt von Griechenland.*
Spanien, Frankreich, Italien und Griechenland liegen am Mittelmeer.	X		
Auf dem Kontinent Europa liegen 50 Staaten		X	*Fast, es sind 47 Staaten.*
Deutschland, Frankreich, Österreich, Liechtenstein und Italien sind Nachbarländer der Schweiz.	X		

M 1

2 Löse das Kreuzworträtsel.

```
1  H E L S I N K I
2    U N G A R N
3  P R A G
4  P O L E N
5  K O P E N H A G E N
6  S P A N I E N
```

Die Hauptstadt Finnlands ist ...
Budapest ist die Hauptstadt von ...
Die Hauptstadt der Tschechischen Republik heißt ...
Warschau ist die Hauptstadt unseres Nachbarlandes ...
Die Hauptstadt unseres nördlichsten Nachbarlandes ist ...
Die Mittelmeerinsel Mallorca gehört zu ...

Lösungswort: E U R O P A

M 2

Orientieren in Europa I – Die politische Gliederung

1 Gestalte die Großregionen Europas in der Karte farbig.
2 Ergänze die jeweilige Farbe und die Großregion in der Legende.
3 Ordne jeder Großregion zwei Länder deiner Wahl zu. Markiere sie in der Karte.

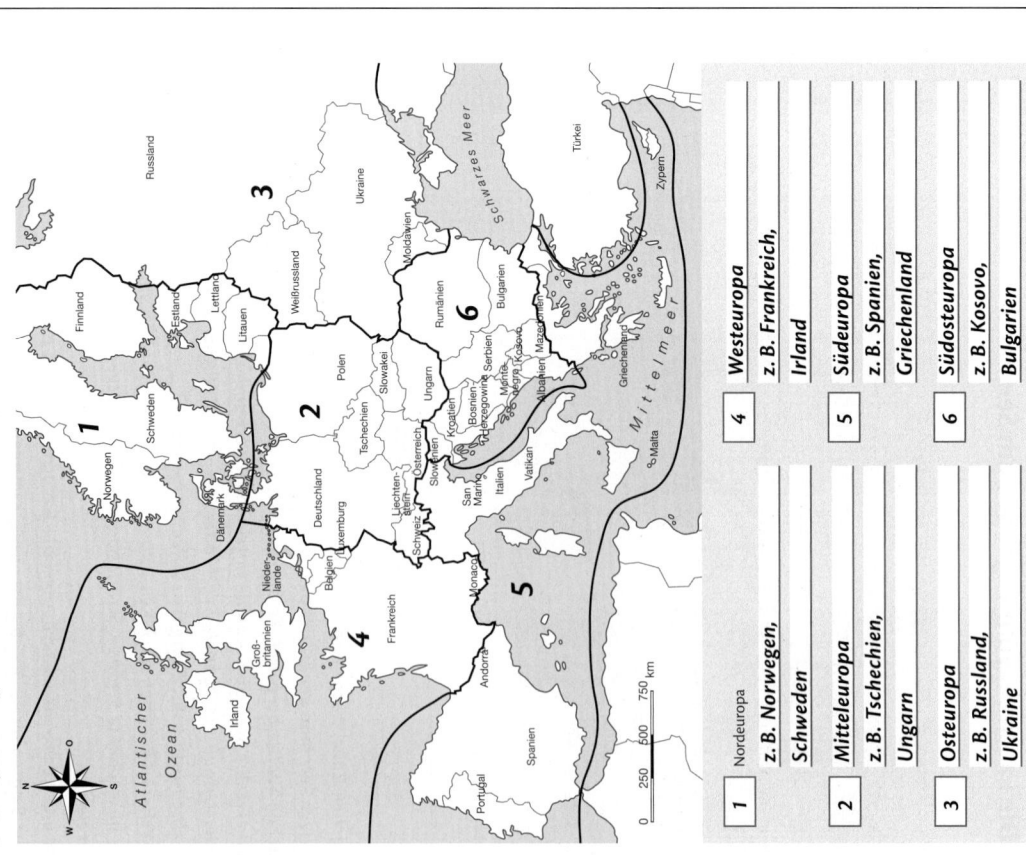

1	Nordeuropa
	z. B. Norwegen,
	Schweden

2	Mitteleuropa
	z. B. Tschechien,
	Ungarn

3	Osteuropa
	z. B. Russland,
	Ukraine

4	Westeuropa
	z. B. Frankreich,
	Irland

5	Südeuropa
	z. B. Spanien,
	Griechenland

6	Südosteuropa
	z. B. Kosovo,
	Bulgarien

Orientieren in Europa II – Die physische Gliederung und Naturräume Europas

1 Benenne die Inseln und Halbinseln sowie Meere und Flüsse Europas mit Hilfe der Legende.
2 Trage die Meerengen und Gebirge Europas mit ihrer jeweiligen Zahl in die Karte ein.
3 Markiere die Grenzen Europas im Norden, Süden, Osten und Westen mit einer roten Linie.

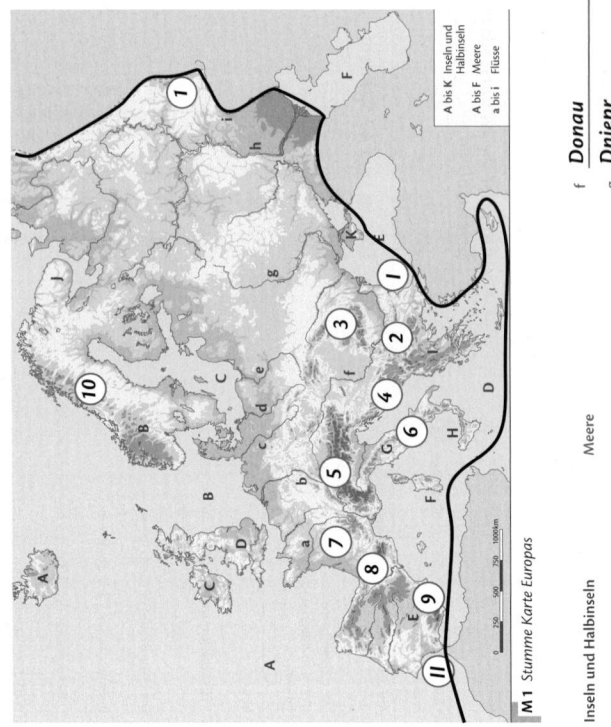

M1 Stumme Karte Europas

Inseln und Halbinseln

A Island
B Skandinavien
C Irland
D Großbritannien
E Iberische Halbinsel
F Sardinien
G Apeninnenhalbinsel
H Sizilien
I Balkan
J Kola
K Krim

Meere

A Atlantik
B Nordsee
C Ostsee
D Mittelmeer
E Schwarzes Meer
F Kaspisches Meer

Flüsse

a Loire
b Rhein
c Elbe
d Oder
e Weichsel
f Donau
g Dnjepr
h Wolga
i Ural

Meerengen

I Bosporus
II Straße von Gibraltar

Gebirge

1 Uralgebirge
2 Balkan
3 Karpaten
4 Dinarisches Gebirge
5 Alpen
6 Apenninen
7 Zentralmassiv
8 Pyrenäen
9 Sierra Nevada
10 Skanden

A bis K Inseln und Halbinseln
A bis F Meere
a bis i Flüsse

Linke Seite (26)

Klimadiagramme lesen, auswerten und zeichnen

1 Zeichne die Temperaturkurve rot nach (M1).
2 Male die Balken für den Niederschlag blau aus (M1).
3 Was kann man nun alles ablesen? Beschrifte das Klimadiagramm mit Hilfe der Kästchen (M1).
4 Werte dann das Klimadiagramm von Berlin nach der Schrittfolge unten aus (M2).
5 Erstelle nun ein Klimadiagramm von Potsdam (M3). Nutze dafür Millimeterpapier.

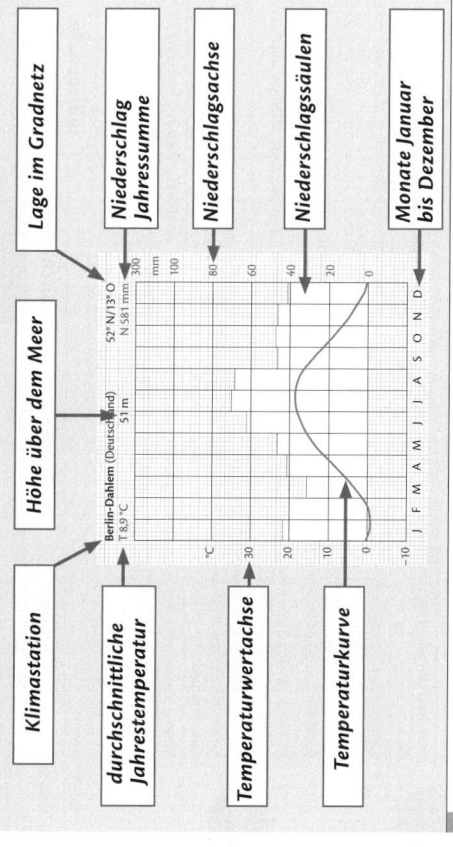

Klimastation · durchschnittliche Jahrestemperatur · Temperaturwertachse · Temperaturkurve · Lage im Gradnetz · Höhe über dem Meer · Niederschlag Jahressumme · Niederschlagsachse · Niederschlagssäulen · Monate Januar bis Dezember

Berlin-Dahlem (Deutschland) 51 m 52° N / 13° O T 8,9 °C N 581 mm

M1

Auswertungsschrittfolge

Name der Station:	*Berlin-Dahlem*
Lage im Gradnetz:	*52° N / 13° O*
Höhenlage:	*51 m*
Jahresdurchschnittstemperatur:	*8,9 °C*
Jahresniederschlag:	*581 mm*
Monat mit höchster Temperatur:	*Juli* , *19* °C
Monat mit niedrigster Temperatur:	*Januar* , *–1* °C

M2

Potsdam, 8 m	J	F	M	A	M	J	J	A	S	O	N	D	Jahr
T in °C	1	0	3	8	13	17	18	18	14	9	4	1	8,7
N in mm	44	39	32	42	47	66	71	71	45	47	46	40	590

M3

Rechte Seite (27)

Das Klima in Europa

Gebiete mit ähnlichen Temperaturen und Niederschlägen werden als Klimazonen bezeichnet. In Europa ist das Klima je nach Lage zum Meer bzw. Breitenkreis ganz verschieden.

1 Weise den Klimazonen Europas in der Legende sinnvolle Farben zu (M1).
2 Gestalte die Karte der Klimazonen Europas entsprechend farbig (M1).

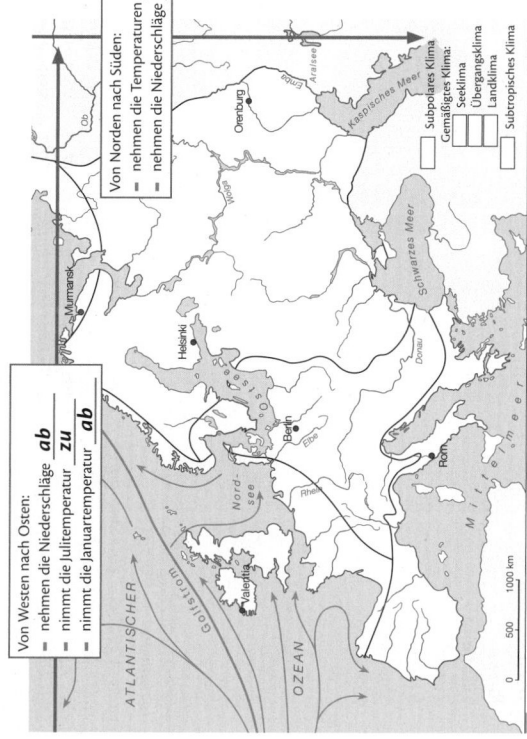

Von Westen nach Osten:
– nehmen die Niederschläge _ab_
– nimmt die Julitemperatur _zu_
– nimmt die Januartemperatur _ab_

Von Norden nach Süden:
– nehmen die Temperaturen _zu_
– nehmen die Niederschläge _zu_

Legende:
Gemäßigtes Klima: Seeklima, Übergangsklima, Landklima
Subpolares Klima
Subtropisches Klima

M1 *Klimazonen in Europa*

3 Vervollständige die Wortgruppen zur Temperatur- und Niederschlagsverteilung Europas an den Pfeilen in der oberen Karte (M1).
4 Ordne die Klimadiagramme von S. 41 den in der Karte markierten Klimastationen zu. Klebe sie an der richtigen Stelle auf (M2).
5 Lies die Klimadiagramme genau. Achte auf die Temperatur- und Niederschlagsverteilung von Norden nach Süden und von Westen nach Osten. Äußere Vermutungen über die Ursachen.

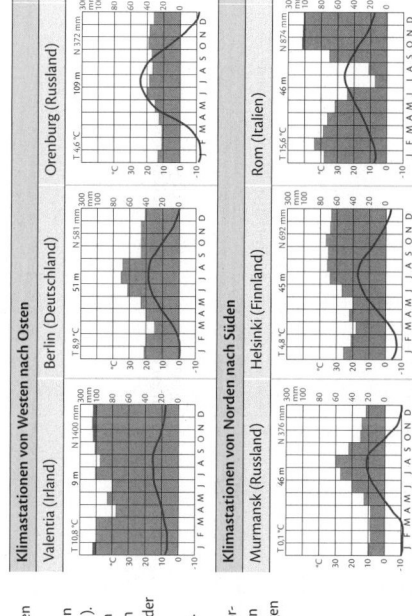

Klimastationen von Westen nach Osten
Valentia (Irland) 9 m T 10,8 °C N 1400 mm
Berlin (Deutschland) 51 m T 8,9 °C N 581 mm
Orenburg (Russland) 109 m T 4,6 °C N 372 mm

Klimastationen von Norden nach Süden
Murmansk (Russland) 46 m T 0,1 °C N 376 mm
Helsinki (Finnland) 45 m T 4,8 °C N 692 mm
Rom (Italien) 46 m T 15,6 °C N 874 mm

M2

Karst – karge Landschaft am Mittelmeer

Das slowenische und kroatische Karstgebirge im Südosten Europas ist von Natur aus ein karges Land. Waldlose Hochflächen werden von steilen Hängen aus weißem oder grauem Gestein begrenzt. In tief eingesenkten Talungen wird oftmals Landwirtschaft betrieben. Die Flüsse im Karstgebirge sind nur kurz. Manche verschwinden plötzlich von der Erdoberfläche, fließen unterirdisch weiter und kommen an anderer Stelle wieder ans Tageslicht.

1 Benenne die in der Karte mit Buchstaben und Zahlen gekennzeichneten Gebirge, Gewässer und Städte und Staaten. Ergänze die Legende (M 1).

2 Bezeichne unter dem Profilschnitt die Formen der Karstlandschaft (M 2).

3 Beschreibe in Stichworten die Entstehung der Teile der Karstlandschaft (M 2).

4 Bestimme die Gebiete im Karst, die landwirtschaftlich genutzt werden können? Begründe deine Antwort.

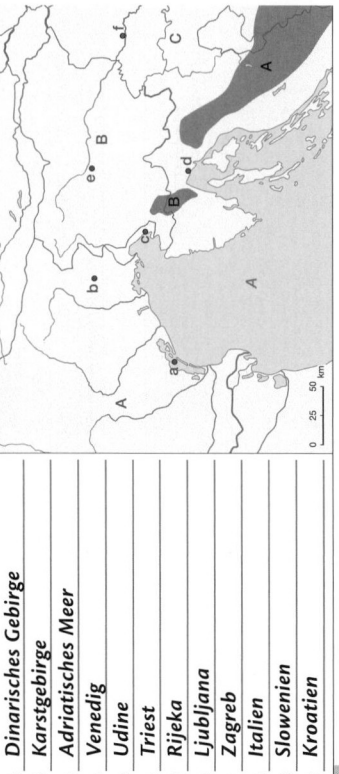

0 25 50 km

A **Dinarisches Gebirge**
B **Karstgebirge**
A **Adriatisches Meer**
a **Venedig**
b **Udine**
c **Triest**
d **Rijeka**
e **Ljubljana**
f **Zagreb**
A **Italien**
B **Slowenien**
C **Kroatien**

M 1

Hochfläche	Polje	Doline	Karsthöhle	Quelle
erhalten gebliebenes meereszeitliches Ablagerungsgebiet, das aus Kalkstein (meist Kreidekalk) besteht	*entstand durch großräumige Einsenkungen von Hochflächenteilen über Hohlräumen im Untergrund*	*Wasser erweiterte Klüfte im Kalkgestein zu rundlichen Vertiefungen, auch durch kleinräumige Einstürze von Teilen der Hochfläche*	*Wasser dringt durch Risse, Spalten und Poren im Kalkgestein ein, versickert, löst das Kalkgestein auf und schafft so Hohlräume*	*im Untergrund versickertes Wasser sammelt sich zu unterirdischen Bächen und Flüssen, die an Quellen ans Tageslicht treten*

M 2

Landwirtschaftliche Nutzung: *auf den ebenen Böden der Poljen, die sich aus vom Wasser abgelagertem Verwitterungsgestein gebildet haben*

Ursachen und Folgen der Klimaverhältnisse

Warum nehmen die Niederschläge in Europa von Westen nach Osten ab und wieso wird es nach Osten hin im Sommer beständig wärmer? Finde es heraus! Hier findest du die Antworten auf diese und weitere Fragen zu den Ursachen der Klimaverhältnisse in Europa.

1 Bilde sinnvolle Sätze. Verbinde dazu die richtigen Satzteile mit einer Linie (M 1).

2 Benenne die abgebildeten Vegetationszonen Europas (M 2).

3 Ordne sie jeweils in die entsprechende Klimazone ein. Beachte dabei die Klimamerkmale!

Die Temperaturen nehmen von den Polen hin zum Äquator zu, ...

Je steiler der Einstrahlungswinkel der Sonne ist, ...

Die Sonnenstrahlung ist unser wichtigster Energielieferant, ...

Das ozeanische Klima ist ...

Wasser erwärmt sich zwar langsam, ...

Im Sommer nimmt das Meer Energie auf ...

Im Winter gibt das Wasser die Wärme langsam ab, ...

Landmassen erwärmen sich hingegen sehr schnell und stark, ...

Landmassen können Wärme aber sehr schlecht speichern und geben sie sehr schnell ab, ...

Von Westen nach Osten nimmt der Einfluss der Landmasse (Kontinent) zu, ...

Der Westwind bringt feuchte Luftmassen vom Ozean mit. Sie regnen sich bei ihrer Wanderung über Europa ab, ...

Warme Meeresströmungen (z. B. der Golfstrom) bringen warme Wassermassen mit ...

... stark vom Meer beeinflusst.

... umso mehr Sonnenstrahlen treffen auf eine Fläche und erwärmen sie.

... weil der Einstrahlungswinkel der Sonnen steiler wird.

... denn sie führt zur Erwärmung der Erde.

... wodurch die Temperaturen im Sommer sehr hoch sind.

... dadurch ist es im Winter sehr kalt.

... das nennt man Kontinentalität.

... wodurch die umgebenden Gebiete stets etwas gekühlt werden.

... kann diese Energie aber lange speichern.

... dadurch entstehen milden Temperaturen.

... und erwärmen somit die Küstenregionen, auf die sie treffen.

... so dass die Niederschläge in Westeuropa hoch sind und nach Osten hin stetig abnehmen.

M 1

Vegetationszonen

Taiga	Steppe	Tundra	Mischwald	subtropische Vegetation

Klimazone

Landklima	Landklima	subpolares Klima	Übergangsklima	subtropisches Klima
Lange kalte Winter, kurze milde Sommer	*Sehr trockene Sommer, kalte Winter*	*Sehr kalte Winter, kurze kühle Sommer*	*Milde bis warme Sommer, kühle bis milde Winter*	*Heiße trockene Sommer, milde feuchte Winter*

M 2

Island – Land aus Feuer und Eis

Schon seit seiner Entstehung ist Island eng an den Vulkanismus gebunden. Auch heute noch ist er dem Land von vielerlei Nutzen.

Erläutere anhand eines Fließschemas die Bedeutung des Vulkanismus für Island von seiner Entstehung bis heute! Nutze dafür die Texte in den folgenden Kästchen indem du sie richtig ordnest.

Vor 20–30 Mio. Jahren: wiederholte Ausbrüche von Vulkanen unter dem Meeresspiegel

Ablagerung vieler Lavaschichten

Vulkane wuchsen und tauchten aus dem Atlantik auf → Island entstand

Erhitzen des Grundwassers durch heißes Magma

Heiße Quellen und Geysire entstehen

Noch heute gibt es viele aktive Vulkane und Magmakammern nahe der Erdoberfläche

Heißes Wasser wird zum Heizen, für Stromgewinnung und Gewächshäuser genutzt

Vulkane wuchsen und tauchten aus dem Atlantik auf → Island entstand

Vor 20–30 Mio. Jahren: wiederholte Ausbrüche von Vulkanen unter dem Meeresspiegel

Erhitzen des Grundwassers durch heißes Magma

Heißes Wasser wird zum Heizen, für Stromgewinnung und Gewächshäuser genutzt

Heiße Quellen und Geysire entstehen

Noch heute gibt es viele aktive Vulkane und Magmakammern nahe der Erdoberfläche

Ablagerung vieler Lavaschichten

Gefahren aus dem Erdinneren – Erdbeben und Vulkane

1 Ermittle mit Hilfe der Karte Länder und Gebiete Süd- und Südosteuropas, in denen Vulkanismus und Erdbeben häufig auftreten. Notiere sie (M 1).

2 Findest du im Atlas noch weitere Vulkane oder Erdbebenzentren? Ergänze sie in der Karte mit den richtigen Symbolen (M 1).

Länder und Gebiete mit gehäuftem Vorkommen an Erdbeben und Vulkanismus:

Italien, Norden und Osten der Türkei (Erdbeben), Mittelmeerküste Afrikas, Zentral-Frankreich, Südwesten Deutschland, Ungarn, Griechenland

3 Erkläre das Auftreten von Erdbeben und Vulkanismus im Mittelmeerraum mit Hilfe des folgenden Fließschemas (M 1, M 2).

4 Benenne den Schicht- und Schildvulkan richtig und beschrifte sie mit Hilfe der Legende (M 3)

ATLANTISCHER OZEAN

Schwarzes Meer

Adria

Mittel-   meer

0   250   500   km

▲ tätiger Vulkan
△ erloschener Vulkan
● Erdbebenzentrum
● Gebiete häufiger Erdbeben
— Plattengrenze

M 1

Erdkrustenblöcke sind in Ruhelage

Verschiebung der Erdplatten, Spannungsaufbau und Deformation

Ruckartiger Abbau der Spannung durch Verschiebung der Platten → Erdbeben

Platten gegeneinander verschoben in neuer Gleichgewichtslage

M 2

Schichtvulkan

Schildvulkan

Legende
1 Magma
2 Lava
3 Dünnflüssige gasarme Lava
4 Dickflüssige gasreiche Lava
5 Erkaltete Lavaschicht
6 Krater
7 Bomben
8 Steine und Asche
9 Gase

M 3

Wo Europäer leben und arbeiten – Bevölkerungsdichte und -verteilung in Europa 1

1 Gestalte eine Karte zur Bevölkerungsdichte der Länder Europas farbig! Nutze die Daten der Tabelle sowie die Legende. Wähle die Farben sinnvoll aus (M1).

2 Vergleiche deine Karte mit einer Karte der Bevölkerungsdichte im Atlas. Nenne Gemeinsamkeiten und Unterschiede, sowie Vor- und Nachteile der jeweiligen Karte (M2).

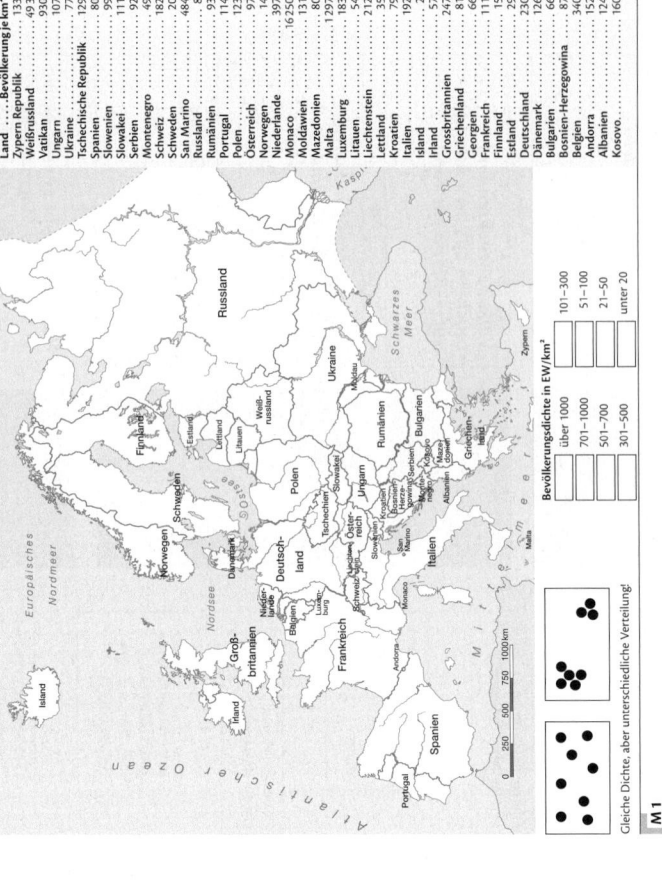

Land	Bevölkerung je km²
Zypern. Republik	133
Weißrussland	493
Vatikan	930
Ungarn	107
Ukraine	77
Tschechische Republik	129
Spanien	80
Slowenien	99
Slowakei	111
Serbien	92
Montenegro	49
Schweiz	182
Schweden	20
San Marino	484
Russland	8
Rumänien	80
Portugal	114
Polen	123
Österreich	97
Norwegen	14
Niederlande	397
Monaco	16250
Moldawien	131
Mazedonien	80
Malta	1297
Luxemburg	183
Litauen	54
Liechtenstein	212
Lettland	35
Kroatien	79
Italien	192
Irland	57
Island	2
Grossbritannien	247
Griechenland	81
Georgien	66
Frankreich	111
Finnland	15
Estland	29
Deutschland	230
Dänemark	126
Bulgarien	66
Bosnien-Herzegowina	87
Belgien	340
Andorra	152
Albanien	124
Kosovo	160

Bevölkerungsdichte in EW/km²

über 1000	101–300
701–1000	51–100
501–700	21–50
301–500	unter 20

Gleiche Dichte, aber unterschiedliche Verteilung!

M1

Vergleich der beiden Karten zur Bevölkerungsdichte Europas (Atlaskarte und M1)

	Atlaskarte	Karte M1
Gemeinsamkeiten	*Aussagen zur Bevölkerungsdichte Europas*	*verdeutlicht die Bevölkerungsdichte des gesamten Staates*
Unterschiede	*verdeutlicht die Bevölkerungsdichte nach Regionen ohne Rücksicht auf Staatsgrenzen = Bevölkerungsverteilung Europas*	*Veranschaulichung der Staaten nach der Zahl der EW pro km² im Durchschnitt*
Vorteile der Karten	*Konkrete Veranschaulichung, wo die meisten Menschen in Europa leben/ verteilung der Bevölkerung*	
Nachteile der Karten	*keine Staatsgrenzen zur Orientierung/ Daten nicht auf einzelne Staaten bezogen*	*keine Aussagen zur Bevölkerungsverteilung innerhalb eines Staates*

M2

Schären, Fjell und Fjord – vom Eis geformt

1 Erstelle ein Kausalprofil durch den Süden Skandinaviens von Haugesund bis Helsinki (M1). Skizziere das Profil von A nach B. Beachte die Landhöhen. Trage in die Tabelle die Landschaften und darunter die Beschreibungen dieser Landschaften ein.

2 Kreise in der stummen Karte Skandinaviens die Regionen ein, in denen Fjord, Fjell und Schären jeweils hauptsächlich vorkommen. Nutze die Legende (M2).

3 Klebe die Abbildungen von S. 41 in die richtigen Kästchen ein (M2).

Orte
über 1 000 000 Einwohner
500 000 – 1 000 000 Einwohner
100 000 – 500 000 Einwohner
50 000 – 100 000 Einwohner
unter 50 000 Einwohner

Oslo Hauptstadt eines Staates
Staatsgrenze

Eisenbahn
Fährverbindung
Autobahn und andere Fernverkehrsstraße
Kanal
Stausee

Gletscher / Geysir, Sumpf, Moor, Stromschnellen

Meerestiefen / Landhöhen: 2000 200 (unter 0) 0 100 200 500 1000 2000 3000 m

A 1680 m

2000 m Höhe
1500 m
1000 m
500 m
0 m

Haugesund | Oslo | Honefoss | Glomma | klaralv | Dalälv | Helsinki
A .... B

Norwegen			Schweden	Ålandinseln	Schweden	Finnland
Schären	Fjord	Fjell	Hügelland	Schären		Schären
Rund geschliffene, karge Felsinseln	u-förmiges Trogtal, das weit ins Land reicht	Abgeschliffene, felsige und karge Hochfläche	Hügelland, das zur Ostsee hin langsam abfällt	Rund geschliffene, karge Felsinseln		Rund geschliffene, karge Felsinseln

M1

M2

Wo Europäer leben und arbeiten – Bevölkerungsdichte und -verteilung in Europa 2

Auch Europäer schlafen nachts nicht: Das Satellitenbild zeigt dir das Lichtermeer Europas in der Nacht. In hell erleuchteten Gebieten befinden sich Städte und Industriezentren. Dunkle Gebiete sind eher landwirtschaftlich genutzte Flächen. Dort leben eher wenige Menschen.

Analysiere das Satellitenbild Europas bei Nacht.

1 Finde heraus, welche Städte bzw. Gebiete in den hell erleuchteten Gebieten liegen. Beschrifte sie (M1).

2 Welche Gebiete sind eher dunkel? Beschrifte sie (M1, blau umrandete Kästchen).

3 Finde weitere markante Gebiete und beschrifte sie selbstständig.

4 Vergleiche das Satellitenbild mit einer Karte zur Bevölkerungsdichte Europas (Schulbuch, Atlas). Findest du einen Zusammenhang zwischen beiden Karten? Formuliere ihn im Satz.

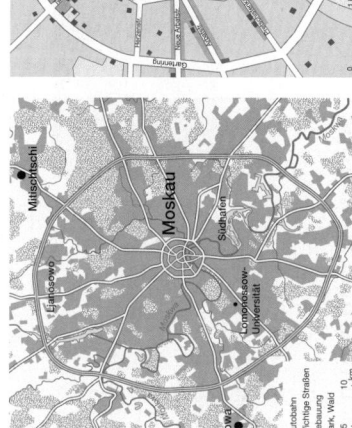

Lappland
Skanden
Moskau
Berlin
Karpaten
Kroatien/Dinarisches Gebirge
Gletscher Islands
London
Paris
Lissabon
Madrid
Valencia
Rom

M1

Vergleich des Satellitenbildes und der Karte zur Bevölkerungsdichte Europas

	Satellitenbild	Karte
Gemeinsamkeiten	*Man kann die Bevölkerungsverteilung Europas erkennen. Keine Staatsgrenzen sichtbar.*	
Unterschiede	*Städte sind im Satellitenbild deutlicher zu sehen, als in der Karte. Die Dichte der Bevölkerung im Satellitenbild durch helle Punkte und in der Karte durch Farben symbolisiert. Satellitenbild ist ein reelles Bild/Foto und die Karte ist gezeichnet, auf Daten basierend.*	
Zusammenhang	*In Regionen hoher Bevölkerungsdichte leben viele Menschen (häufig in Städten). Nachts/Abends schalten sie Licht an und die Straßen der Städte sind beleuchtet. Daher strahlen Regionen mit vielen Menschen stärker als dünn besiedelte Regionen.*	

M2

Moskau – größte Stadt Europas

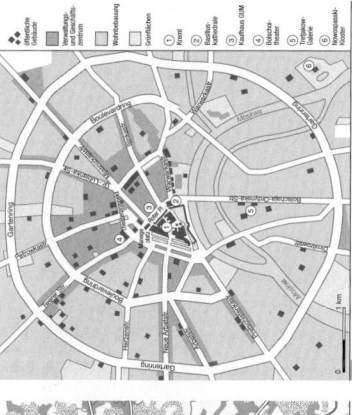

M1

Steckbrief: MOSKAU

Einwohnerzahl: *ca. 15,1 Mio.* Fläche: *2550 km²*

Bevölkerungsdichte: *ca. 5921 EW/km²*

Bürgermeister: *Sergej Sobjanin*

Sehenswürdigkeiten: *Kreml, Roter Platz, Bolschoi-Theater*

Religion: *Sitz der Russisch-Orthodoxen Kirche*

Verkehr: *8 Fernbahnhöfe, 3 internat. Flughäfen, 3 Binnenhäfen, Autobahnen (Ringe)*

1 Erstelle einen Steckbrief zu Moskau! Fülle dazu die Vorlage aus (M1).

2 Du siehst auf den Karten jeweils das Stadtgebiet Moskaus in einem anderen Maßstab (M2, M3).
a) Finde den Kartenausschnitt M3 in der ersten Karte (M2) wieder.
b) Wie groß ist die gesamte Stadt? Miss nach! Gib die größte Nord-Süd- und West-Ost-Ausdehnung Moskaus an (M2).
Nord-Süd: **37,5 km** West-Ost: **30 km**
c) Wie groß ist die eigentliche Innenstadt Moskaus (innerhalb des Gartenrings)? Gib die größte Nord-Süd- und West-Ost-Ausdehnung der Moskauer Innenstadt an (M3).
Nord-Süd: **8 km** West-Ost: **7 km**
d) Die meisten Menschen wohnen in den Randgebieten Moskaus. Ihre Arbeitsstätte liegt jedoch in einem anderen Stadtteil. Zur Arbeit müssen sie weite Wege zurück legen. Bestimme den Arbeitsweg!

– Marina wohnt in Ljanosowo und arbeitet im Südhafen. Sie fährt **25** km.
– Pavel wohnt in Mitischtschi und arbeitet an der Kasse des Bolschoi-Theaters. Er fährt **22** km.
– Maja wohnt in Odinzowa und muss täglich in die Lomonossow-Universität. Sie fährt **15** km.

e) Solche Pendler wie Marina, Pavel und Maja gibt es viele in Moskau. Straßen, Busse und die Metro sind daher überfüllt. Nenne Gründe, warum Wohnort und Arbeitsplatz häufig so weit entfernt liegen!

Preiswerten Wohnraum gibt es oft nur am Stadtrand oder in Vororten. Die Arbeitsplätze liegen aber häufig in der Innenstadt, da hier die Verwaltungen und z. B. Einrichtungen der Kultur und Bildung liegen.

M2

M3

Transit durch Mitteleuropa – Verkehrsmittel und -wege

1 Stell dir vor, deinen nächsten Sommerurlaub im Juli möchtest du in Lissabon verbringen. Du startest in Berlin und hast folgende drei Verkehrsmittel zur Auswahl: Auto (PKW), Bahn und Flugzeug. Recherchiere für jedes Verkehrsmittel die Dauer sowie die Kosten der Anreise. Notiere!

2 Für welches Verkehrsmittel entscheidest du dich? Begründe!

	Auto	Bahn	Flugzeug
Dauer:			
Kosten:			

M 1

3 Beurteile die drei Verkehrsmittel auf ihre Umweltfreundlichkeit. Bleibst du bei deiner Entscheidung? Begründe!

Die Bahn ist am umweltfreundlichsten, da sie pro Passagier am wenigsten Abgase produziert. Am meisten schädliche Abgase produziert das Flugzeug

4 Die Lage Deutschlands in der Mitte Europas macht es zum Transitland Nummer 1 (M2).

a) Trage Start- und Zielstädte von Autobahnen/Europastraßen in M 3 ein.

b) Benenne auch für Bahnstrecken die Start- und Zielstädte.

c) Suche in der Karte Hafenstandorte. Wähle drei Hafen aus und gib an, für welche Transitverbindungen sie bedeutsam sind. Nutze den Atlas und verwende die Legende.

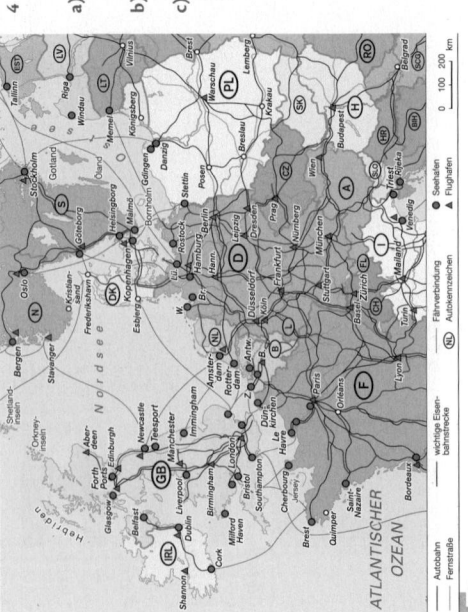

Autobahnen/Europastraßen
- A Oslo–Bordeaux
- B *Glasgow–Budapest*
- C *Belgrad–Stettin*

Bahnstrecken
1 *Paris–Moskau*
2 *Kopenhagen–Rom*
3 *Bordeaux–Warschau*

Häfen
- *Rotterdam (Verbindung Europa mit Amerika, Afrika, Asien)*
- *Göteborg (Verbindung Nordeuropa mit restl. Europa und der Welt)*
- *Hamburg (Verbindung Europa mit Amerika, Afrika, Asien)*

M 3 *Verkehrswege durch Mitteleuropa*

Erdöl und Erdgas für Europa

Verarbeitung

Lagerung

Transport

Förderung

Verkauf

Erdöl und Erdgas gehören weltweit zu den wichtigsten Rohstoffen der chemischen Industrie und der Energiewirtschaft. Russland ist einer der größten Erdöl- und Erdgasproduzenten weltweit. Über Rohleitungen (sog. Pipelines) gelangen die Rohstoffe nach Europa.

Um den steigenden Bedarf an Erdöl und Erdgas zu decken, werden seit vielen Jahren auch die untermeerischen Lagerstätten der Nordsee abgebaut.

M 1

M 2

1 Schneide aus dem Ausschneidebogen (S. 41) die Bilder aus und klebe sie an die richtige Stelle der Grafik (M 1). Ergänze folgende Begriffe: Transport, Förderung, Lagerung, Verarbeitung.

2 Kreise alle Dinge ein, die unter Nutzung von Erdöl als Rohstoff hergestellt werden (M 2).

3 Notiere Gegenstände aus dem Klassenzimmer, die es ohne Erdöl so nicht gäbe.

Page 39

Die Weltmeere – Gliederung, Nutzung und Gefährdung 2

Fischer ahoi!
Die Gewässer der Europäischen Union gehören zu den am stärksten befischten Gewässern weltweit. Aber auch weit weg von ihren europäischen Heimathäfen sind europäische Fischer mit ihren Fabrikschiffen unterwegs. Es droht eine Gefahr der Überfischung von Gewässern. Auf den Fabrikschiffen wird Fisch gefangen, verarbeitet, verpackt und eingefroren.

Fabriklandungsschiff
Länge: 92 m
Breite: 15 m
Besatzung: 73 Personen

Brücke
Wohnbereich
Fangdeck
Verarbeitungsdeck
Fischmehlanlage Maschinenanlage Tiefkühllagerraum
Heck-
aufschleppe
Lotshacht
Fischereiloch

M 1

Heckttrawler
Fangtrawler
elektronische
Ortung (Echolot)
Schleppnetz
Netzsonar
Ringwade
Schwimmkörper
Treibnetz
Schuleleine
Steert
Schleppnetz

M 2

1 Ergänze den Text, indem du die folgenden Wörter in die richtigen Lücken schreibst:

einer, Fanggebieten, Fabrikschiffe, Fangsaison, Fischereiboot, größer, länger, Schleppnetze, Treibnetze, Echolot, geringer

Im Vergleich zu früheren Zeiten sind die Mengen des gefangenen Fisches heute deutlich **geringer** und die Fahrten zu den **Fanggebieten** dauern heute wesentlich **länger**. Moderne **Fabrikschiffe** können in **einer** Stunde mehr verarbeiten, als ein übliches **Fischereiboot** im 16. Jahrhundert in einer kompletten **Fangsaison** konnte. Die Fangmethoden wurden stetig verfeinert. Immer feinmaschigere Netze, **Schleppnetze** , **Treibnetze** und der Einsatz des **Echolots** zum Aufspüren von Fischschwärmen werden eingesetzt.

M 3

2 Vermute, was mit der „Gefahr der Überfischung" der Meere gemeint ist! Gehe auch auf Ursachen ein.

Die Fischbestände der Meere und Ozeane sind begrenzt. Der Mensch hat in den vergangenen Jahrzehnten durch eine beständige Effektivierung der Fangmethoden stetig mehr Fisch gefangen, als Jungfische nachkommen konnten. Daher wurden die Bestände reduziert. Wenn diese Entwicklung anhält, werden bald nur noch wenige Fische, die wir als Nahrungsmittel verwenden, in den Ozeanen leben, die Meere sind „überfischt".

Page 38

Die Weltmeere – Gliederung, Nutzung und Gefährdung 1

Mehr als zwei Drittel der Erdoberfläche ist von Wasser bedeckt. Diese stehen durch weltumspannenden Meeresströmungen in ständiger Bewegung und im Austausch miteinander. Die Meere lassen sich anhand ihrer Merkmale wie Größe und Lage in 4 Gruppen gliedern.

1 Ordne folgende Meere in die Gliederung der Weltmeere richtig ein. Verwende den Atlas!
Mittelmeer, Ostsee, Pazifischer Ozean, Indischer Ozean, Karibisches Meer, Schwarzes Meer, Arabisches Meer, Rotes Meer, Weddellmeer, Nordpolarmeer

Ozeane
Pazifischer Ozean, Indischer Ozean

Nebenmeere

Randmeere
Weddelmeer, Nordpolarmeer, Arabisches Meer

Mittelmeere
Mittelmeer, Karibisches Meer, Rotes Meer

Binnenmeere
Ostsee, Schwarzes Meer

Vom Festland aus wird das Meer mit vielen Schadstoffen belastet. Der Mensch ist hierbei die Hauptursache und trägt somit eine große Verantwortung. Um etwas gegen die zunehmende Belastung der Meere tun zu können, müssen uns die Ursachen der Verschmutzung klar werden.

2 Markiere mit bunten Pfeilen (entsprechend der Legende) die Wege und Ursachen der Meeresverschmutzung in der unteren Abbildung (M2).

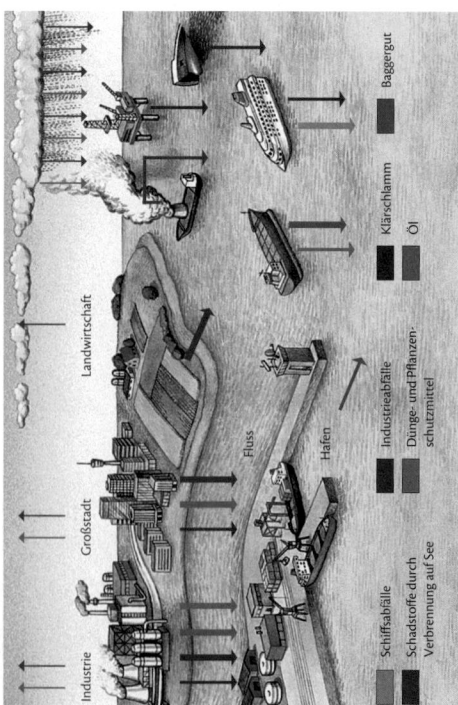

Industrie
Großstadt
Fluss
Hafen
Landwirtschaft

Schiffsabfälle
Schadstoffe durch
Verbrennung auf See
Industrieabfälle
Dünge- und Pflanzen-
schutzmittel
Klärschlamm
Öl
Baggergut

M 1 *Ursachen und Wege der Meeresverschmutzung*

Das Ruhrgebiet im Wandel – früher und heute

Steinkohlenvorkommen haben das Ruhrgebiet zum größten Wirtschaftsraum Deutschlands gemacht. Doch seit 1975 verlor die Steinkohle immer mehr an Bedeutung. Viele Arbeitsplätze in den Bergwerken und der Stahlindustrie fielen weg. Die Zukunft lag bei den Dienstleistungen!

1 Ergänze auf dem Zeitstrahl markante Ereignisse und Entwicklungen der Wirtschaft im Ruhrgebiet. Recherchiere im Internet.

2 Erstelle anhand der Daten aus der Grafik ein Säulendiagramm zur Entwicklung der Erwerbstätigkeit im Ruhrgebiet 1970 und 2010 (M1, M2).

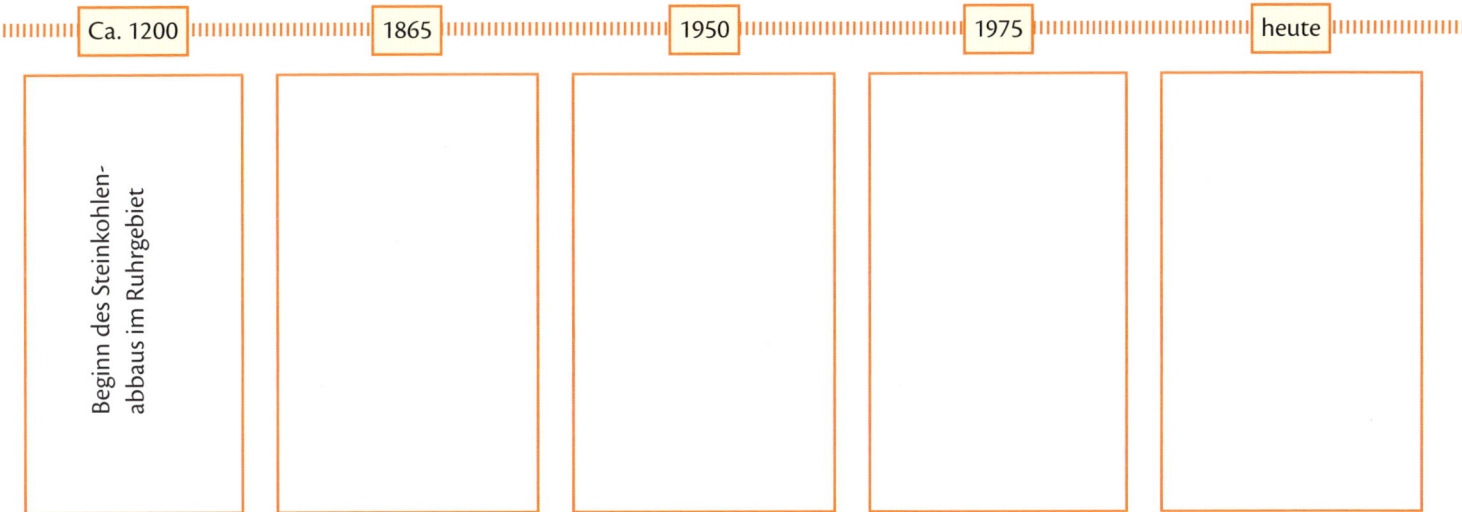

| Ca. 1200 | 1865 | 1950 | 1975 | heute |

Beginn des Steinkohlenabbaus im Ruhrgebiet

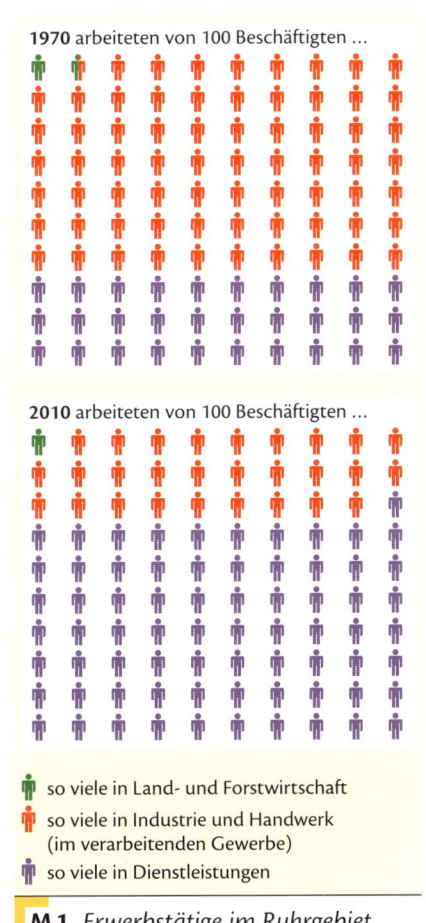

1970 arbeiteten von 100 Beschäftigten ...

2010 arbeiteten von 100 Beschäftigten ...

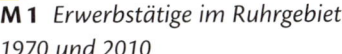

 so viele in Land- und Forstwirtschaft
 so viele in Industrie und Handwerk (im verarbeitenden Gewerbe)
 so viele in Dienstleistungen

M1 *Erwerbstätige im Ruhrgebiet 1970 und 2010*

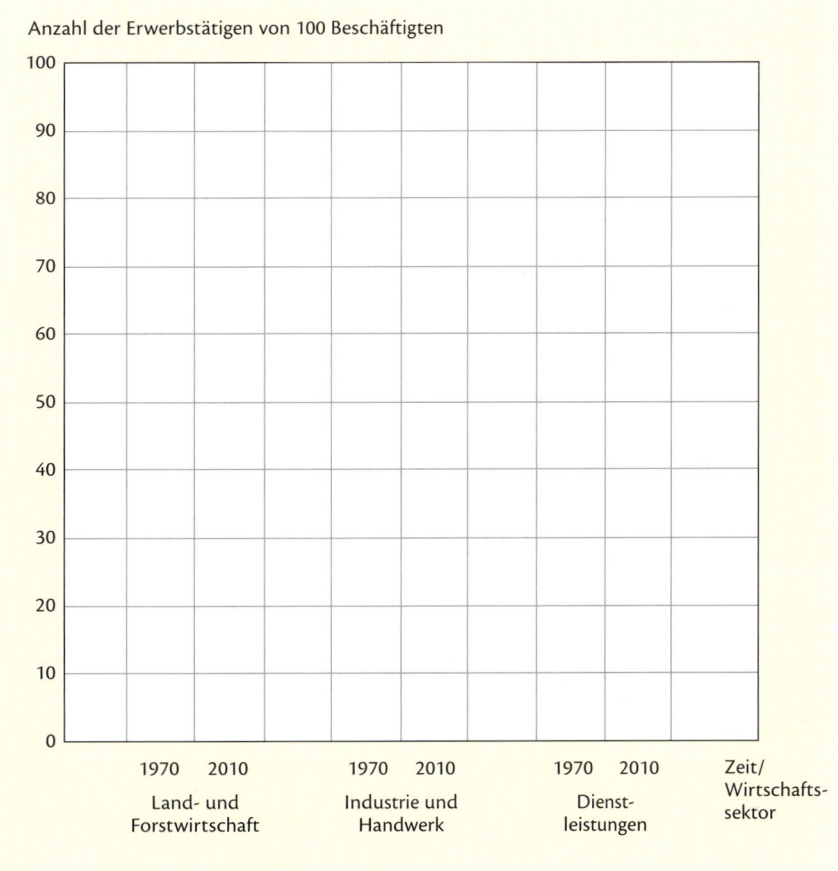

Anzahl der Erwerbstätigen von 100 Beschäftigten

| | 1970 | 2010 | | 1970 | 2010 | | 1970 | 2010 | Zeit/Wirtschaftssektor |

Land- und Forstwirtschaft — Industrie und Handwerk — Dienstleistungen

M2 *Säulendiagrammvorlage*

Die Lausitz – vom Tagebau zum Seenland

Erstelle einen Werbeflyer, der unter dem Slogan „Erholung am und im Wasser" das Lausitzer Seenland für Touristen attraktiv macht.
Sei kreativ! Schreibe z. B. einen Werbetext oder formuliere Werbesprüche. Benenne dabei ganz konkrete Sehenswürdigkeiten, Seen sowie Erholungs- und Freizeitmöglichkeiten.
Arbeite mit der Karte (**M 1**).

M 1 *Karte des Lausitzer Seenlandes (Ausschnitt)*

Erholung an und im Wasser
Das Lausitzer Seenland hat viel zu bieten

Europa – was ist das eigentlich und wer gehört dazu?
Rätselseite

1   Kreuze an: richtig oder falsch? Berichtige die falschen Aussagen.

Aussage	richtig	falsch	Richtig muss es heißen:
Die Abkürzung „EU" steht für „Eurasische Union".	☐	☐	
Die EU ist ein freiwilliger Zusammenschluss von derzeit 28 europäischen Ländern.	☐	☐	
Die gemeinsame Währung heißt „Krone".	☐	☐	
Innerhalb der EU wird der freie Verkehr von Waren, Dienstleistungen, Geld und Personen nicht gewährleistet.	☐	☐	
Europa ist der größte Kontinent	☐	☐	
Der Kontinent Europa ist im Osten durch das Uralgebirge und im Westen durch den Pazifik begrenzt.	☐	☐	
Athen ist die Hauptstadt von Frankreich.	☐	☐	
Spanien, Frankreich, Italien und Griechenland liegen am Mittelmeer.	☐	☐	
Auf dem Kontinent Europa liegen 50 Staaten	☐	☐	
Deutschland, Frankreich, Österreich, Liechtenstein und Italien sind Nachbarländer der Schweiz.	☐	☐	

M 1

2   Löse das Kreuzworträtsel.

Die Hauptstadt Finnlands ist …

Budapest ist die Hauptstadt von …

Die Hauptstadt der Tschechischen Republik heißt …

Warschau ist die Hauptstadt unseres Nachbarlandes …

Die Hauptstadt unseres nördlichsten Nachbarlandes ist …

Die Mittelmeerinsel Mallorca gehört zu …

Lösungswort: _____

M 2

Orientieren in Europa I – Die politische Gliederung

1 Gestalte die Großregionen Europas in der Karte Farbig.
2 Ergänze die jeweilige Farbe und die Großregion in der Legende.
3 Ordne jeder Großregion zwei Länder deiner Wahl zu. Markiere sie in der Karte.

Nordeuropa

Orientieren in Europa II – Die physische Gliederung und Naturräume Europas

1 Benenne die Inseln und Halbinseln sowie Meere und Flüsse Europas mit Hilfe der Legende.
2 Trage die Meerengen und Gebirge Europas mit ihrer jeweiligen Zahl in die Karte ein.
3 Markiere die Grenzen Europas im Norden, Süden, Osten und Westen mit einer roten Linie.

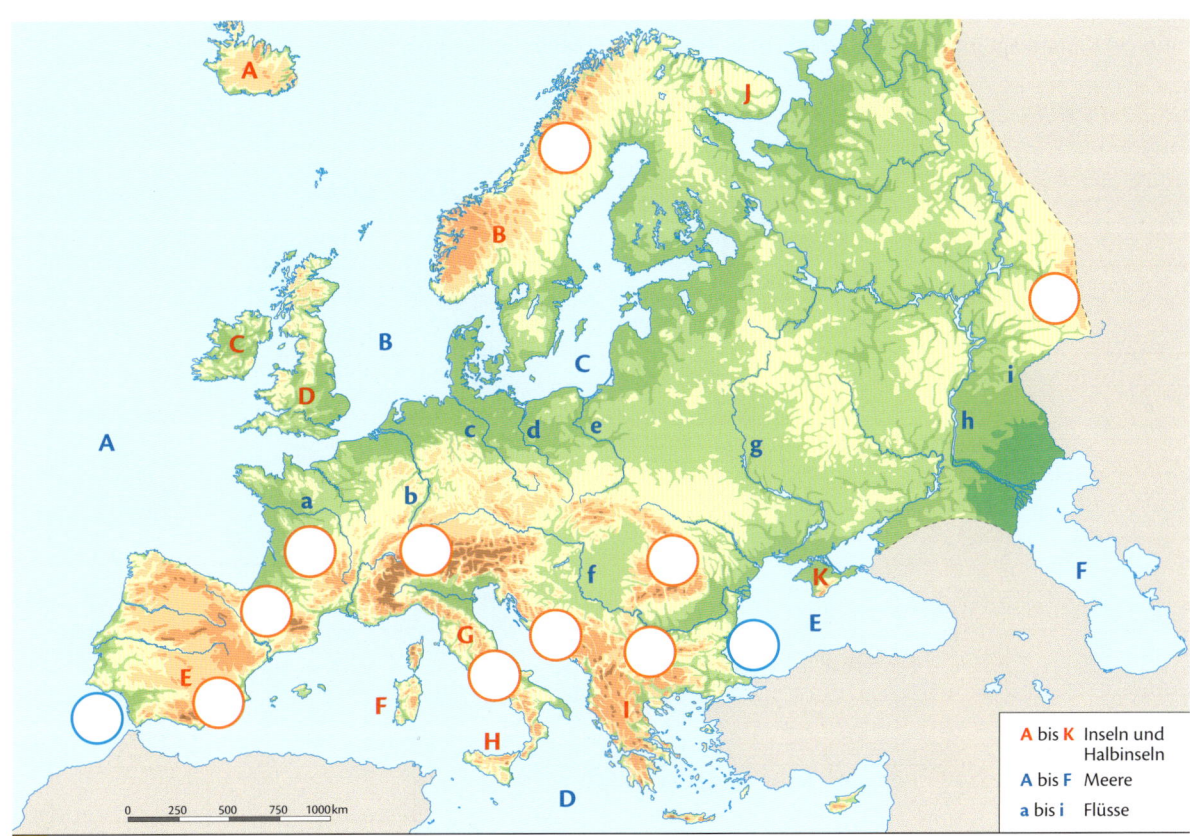

M 1 *Stumme Karte Europas*

Inseln und Halbinseln

A _____

B _____

C _____

D _____

E _____

F _____

G _____

H _____

I _____

J _____

K _____

Meere

A _____

B _____

C _____

D _____

E _____

F _____

Flüsse

a _____

b _____

c _____

d _____

e _____

f _____

g _____

h _____

i _____

Meerengen
I Bosporus
II Straße von Gibraltar

Gebirge
1 Uralgebirge
2 Balkan
3 Karpaten
4 Dinarisches Gebirge
5 Alpen
6 Apenninen
7 Zentralmassiv
8 Pyrenäen
9 Sierra Nevada
10 Skanden

Klimadiagramme lesen, auswerten und zeichnen

1 Zeichne die Temperaturkurve rot nach (**M 1**).

2 Male die Balken für den Niederschlag blau aus (**M 1**).

3 Was kann man nun alles ablesen? Beschrifte das Klimadiagramm mit Hilfe der Kästchen (**M 1**).

4 Werte dann das Klimadiagramm von Berlin nach der Schrittfolge unten aus (**M 2**).

5 Erstelle nun ein Klimadiagramm von Potsdam (**M 3**). Nutze dafür Millimeterpapier.

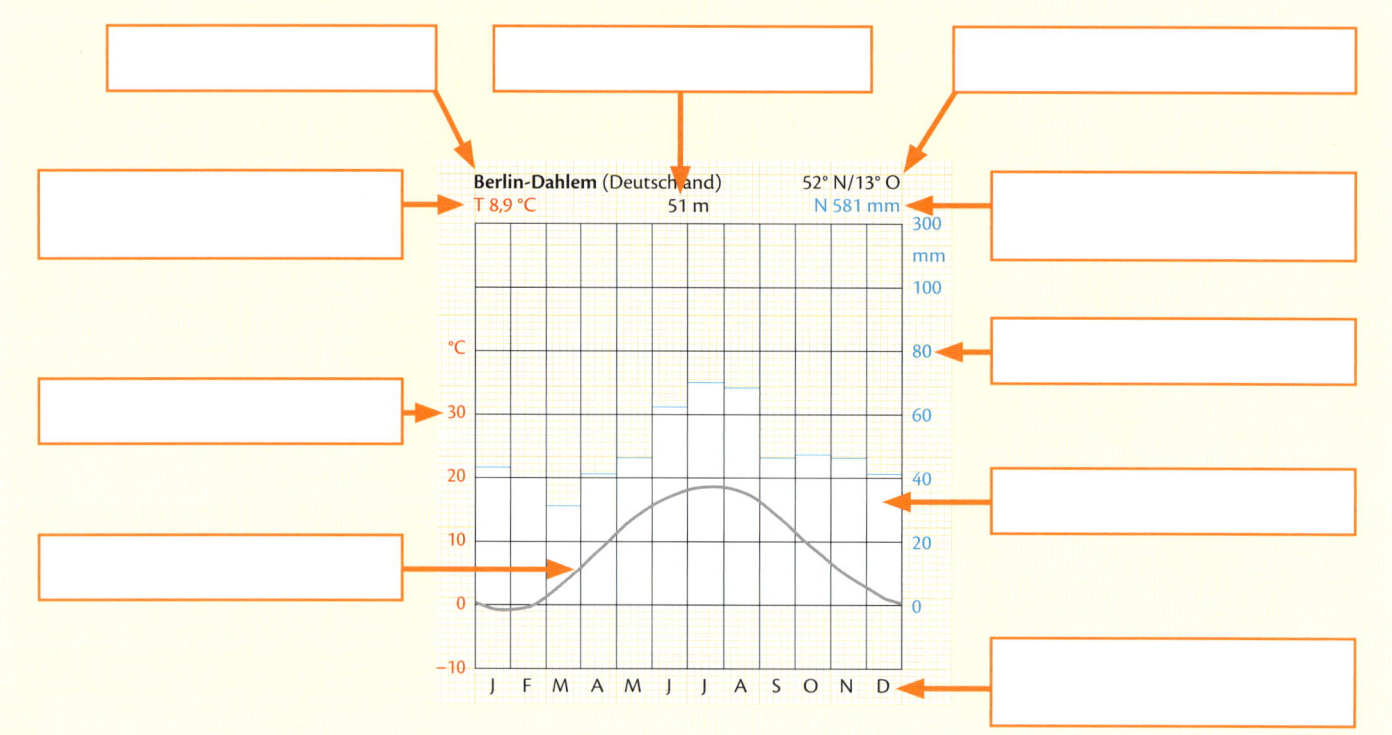

Berlin-Dahlem (Deutschland)   52° N/13° O
T 8,9 °C   51 m   N 581 mm

M 1

Auswertungsschrittfolge

Name der Station: _____

Lage im Gradnetz: _____

Höhenlage: _____

Jahresdurchschnittstemperatur: _____

Jahresniederschlag: _____

Monat mit höchster Temperatur: _____ , _____ °C

Monat mit niedrigster Temperatur: _____ , _____ °C

M 2

Potsdam, 8 m	J	F	M	A	M	J	J	A	S	O	N	D	Jahr
T in °C	1	0	3	8	13	17	18	18	14	9	4	1	8,7
N in mm	44	39	32	42	47	66	71	71	45	47	46	40	590

M 3

Das Klima in Europa

Gebiete mit ähnlichen Temperaturen und Niederschlägen werden als Klimazonen bezeichnet. In Europa ist das Klima je nach Lage zum Meer bzw. Breitenkreis ganz verschieden.

1 Weise den Klimazonen Europas in der Legende sinnvolle Farben zu (**M 1**).
2 Gestalte die Karte der Klimazonen Europas entsprechend farbig (**M 1**).

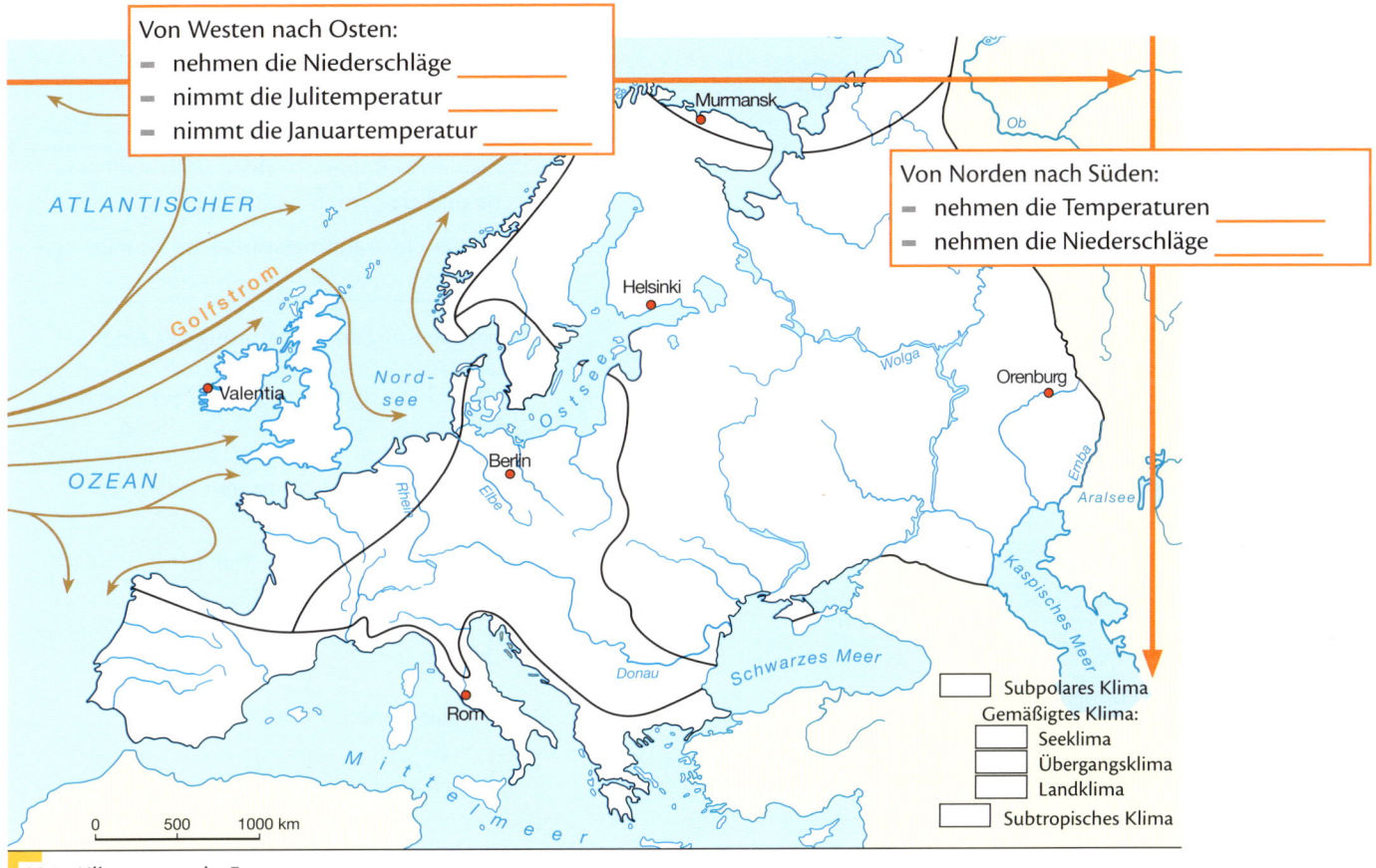

Von Westen nach Osten:
- nehmen die Niederschläge _____
- nimmt die Julitemperatur _____
- nimmt die Januartemperatur _____

Von Norden nach Süden:
- nehmen die Temperaturen _____
- nehmen die Niederschläge _____

Legende:
- [ ] Subpolares Klima
- Gemäßigtes Klima:
  - [ ] Seeklima
  - [ ] Übergangsklima
  - [ ] Landklima
- [ ] Subtropisches Klima

M 1 *Klimazonen in Europa*

3 Vervollständige die Wortgruppen zur Temperatur- und Niederschlagsverteilung Europas an den Pfeilen in der oberen Karte (**M 1**).
4 Ordne die Klimadiagramme von S. 41 den in der Karte markierten Klimastationen zu. Klebe sie an der richtigen Stelle auf (**M 2**).
5 Lies die Klimadiagramme genau. Achte auf die Temperatur- und Niederschlagsverteilung von Norden nach Süden und von Westen nach Osten. Äußere Vermutungen über die Ursachen.

Klimastationen von Westen nach Osten		
Valentia (Irland)	Berlin (Deutschland)	Orenburg (Russland)

Klimastationen von Norden nach Süden		
Murmansk (Russland)	Helsinki (Finnland)	Rom (Italien)

M 2

Ursachen und Folgen der Klimaverhältnisse

Warum nehmen die Niederschläge in Europa von Westen nach Osten ab und wieso wird es nach Osten hin im Sommer beständig wärmer? Finde es heraus! Hier findest du die Antworten auf diese und weitere Fragen zu den Ursachen der Klimaverhältnisse in Europa.

1 Bilde sinnvolle Sätze. Verbinde dazu die richtigen Satzteile mit einer Linie (**M 1**).
2 Benenne die abgebildeten Vegetationszonen Europas (**M 2**).
3 Ordne sie jeweils in die entsprechende Klimazone ein. Beachte dabei die Klimamerkmale!

Die Temperaturen nehmen von den Polen hin zum Äquator zu, …
Je steiler der Einstrahlungswinkel der Sonne ist, …
Die Sonnenstrahlung ist unser wichtigster Energielieferant, …
Das ozeanische Klima ist …
Wasser erwärmt sich zwar langsam, …
Im Sommer nimmt das Meer Energie auf …
Im Winter gibt das Wasser die Wärme langsam ab, …
Landmassen erwärmen sich hingegen sehr schnell und stark, …
Landmassen können Wärme aber sehr schlecht speichern und geben sie sehr schnell ab, …
Von Westen nach Osten nimmt der Einfluss der Landmasse (Kontinent) zu, …
Der Westwind bringt feuchte Luftmassen vom Ozean mit. Sie regnen sich bei ihrer Wanderung über Europa ab, …
Warme Meeresströmungen (z. B. der Golfstrom) bringen warme Wassermassen mit …

… stark vom Meer beeinflusst.
… umso mehr Sonnenstrahlen treffen auf eine Fläche und erwärmen sie.
… weil der Einstrahlungswinkel der Sonnen steiler wird.
… denn sie führt zur Erwärmung der Erde.
… wodurch die Temperaturen im Sommer sehr hoch sind.
… dadurch ist es im Winter sehr kalt.
… das nennt man Kontinentalität.
… wodurch die umgebenden Gebiete stets etwas gekühlt werden.
… kann diese Energie aber lange speichern.
… dadurch entstehen milde Temperaturen.
… und erwärmen somit die Küstenregionen, auf die sie treffen.
… so dass die Niederschläge in Westeuropa hoch sind und nach Osten hin stetig abnehmen.

M 1

Vegetationszonen

Lange kalte Winter, kurze milde Sommer	Sehr trockene Sommer, kalte Winter	Sehr kalte Winter, kurze kühle Sommer	Milde bis warme Sommer, kühle bis milde Winter	Heiße trockene Sommer, milde feuchte Winter

Klimazone

M 2

Karst – karge Landschaft am Mittelmeer

Das slowenische und kroatische Karstgebirge im Südosten Europas ist von Natur aus ein karges Land. Waldlose Hochflächen werden von steilen Hängen aus weißem oder grauem Gestein begrenzt. In tief eingesenkten Talungen wird oftmals Landwirtschaft betrieben. Die Flüsse im Karstgebirge sind nur kurz. Manche verschwinden plötzlich von der Erdoberfläche, fließen unterirdisch weiter und kommen an anderer Stelle wieder ans Tageslicht.

1 Benenne die in der Karte mit Buchstaben und Zahlen gekennzeichneten Gebirge, Gewässer und Städte und Staaten. Ergänze die Legende (**M 1**).

2 Bezeichne unter dem Profilschnitt die Formen der Karstlandschaft (**M 2**).

3 Beschreibe in Stichworten die Entstehung der Teile der Karstlandschaft (**M 2**).

4 Bestimme die Gebiete im Karst, die landwirtschaftlich genutzt werden können? Begründe deine Antwort.

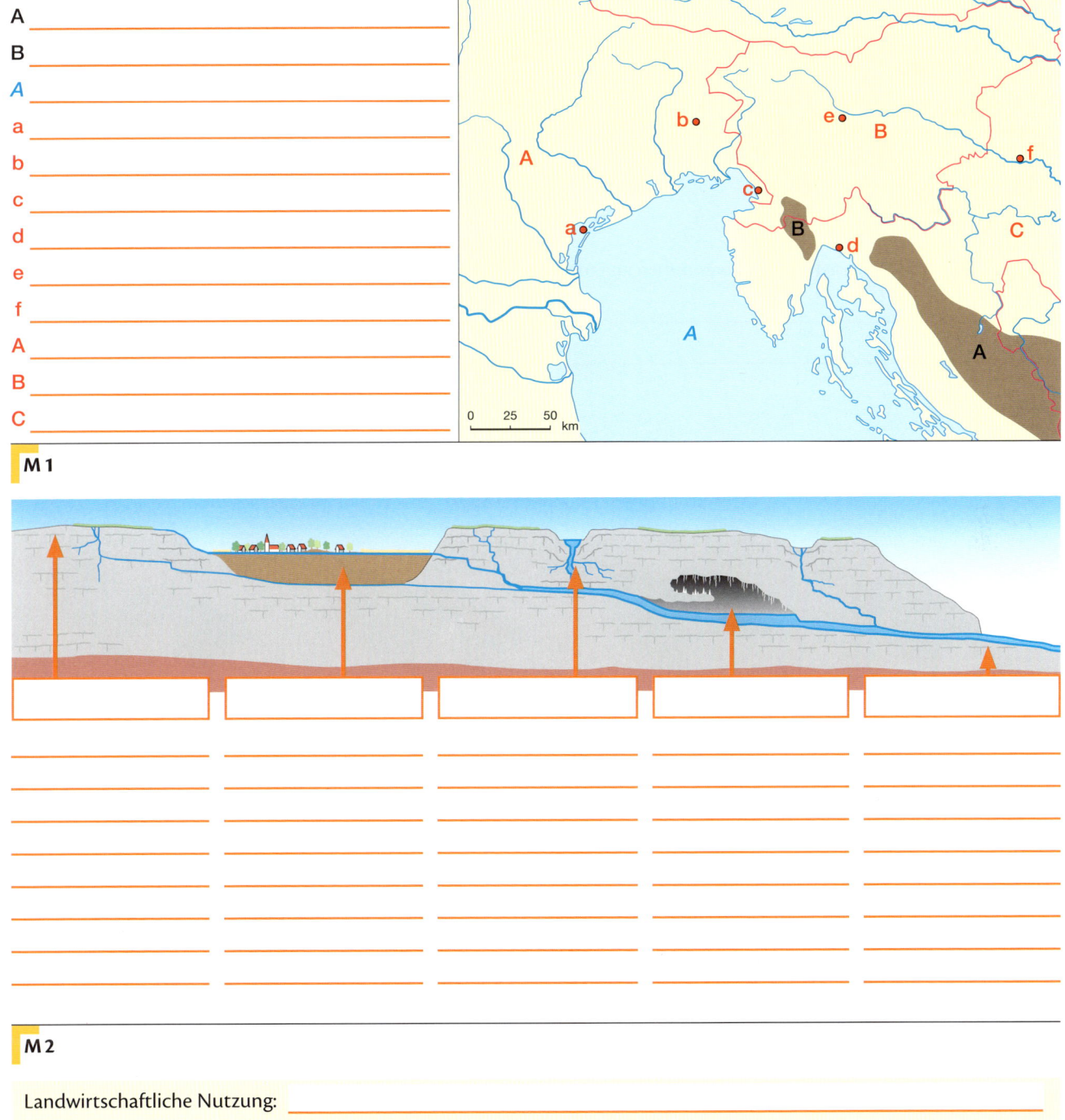

A _____

B _____

A _____

a _____

b _____

c _____

d _____

e _____

f _____

A _____

B _____

C _____

M 1

M 2

Landwirtschaftliche Nutzung: _____

Gefahren aus dem Erdinneren – Erdbeben und Vulkane

1 Ermittle mit Hilfe der Karte Länder und Gebiete Süd- und Südosteuropas, in denen Vulkanismus und Erdbeben häufig auftreten. Notiere sie (**M 1**).

2 Findest du im Atlas noch weitere Vulkane oder Erdbebenzentren? Ergänze sie in der Karte mit den richtigen Symbolen (**M 1**).

Länder und Gebiete mit gehäuftem Vorkommen an Erdbeben und Vulkanismus:

M 1

3 Erkläre das Auftreten von Erdbeben und Vulkanismus im Mittelmeerraum mit Hilfe des folgenden Fließschemas (**M 1**, **M 2**).

4 Benenne den Schicht- und Schildvulkan richtig und beschrifte sie mit Hilfe der Legende (**M 3**)

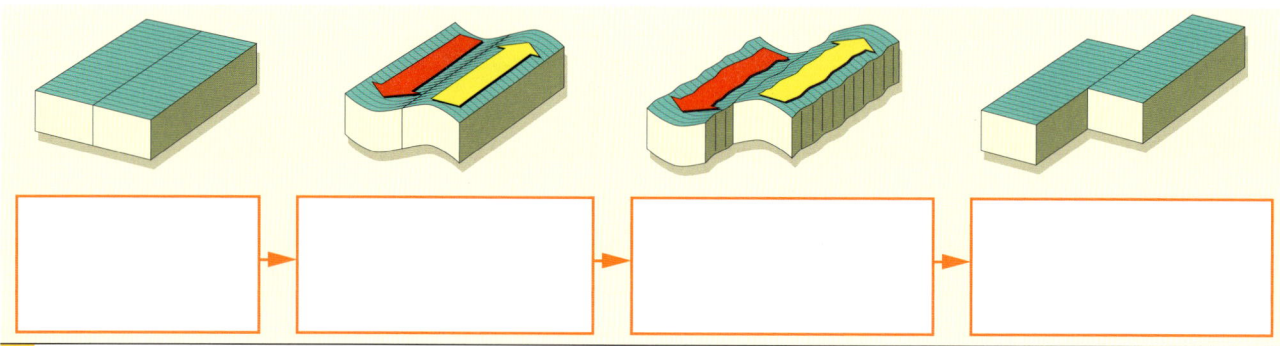

M 2

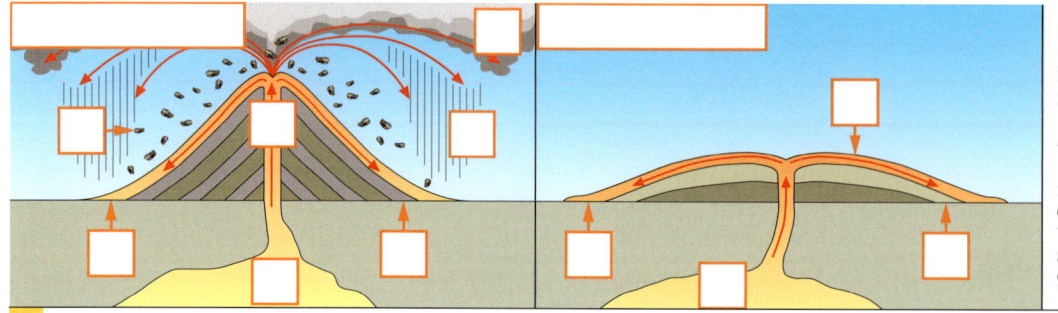

Legende
1 Magma
2 Lava
3 Dünnflüssige gasarme Lava
4 Dickflüssige gasreiche Lava
5 Erkaltete Lavaschicht
6 Krater
7 Bomben
8 Steine und Asche
9 Gase

M 3

Island – Land aus Feuer und Eis

Schon seit seiner Entstehung ist Island eng an den Vulkanismus gebunden. Auch heute noch ist er dem Land von vielerlei Nutzen.

Erläutere anhand eines Fließschemas die Bedeutung des Vulkanismus für Island von seiner Entstehung bis heute! Nutze dafür die Texte in den folgenden Kästchen indem du sie richtig ordnest.

Vulkane wuchsen und tauchten aus dem Atlantik auf → Island entstand

Vor 20–30 Mio. Jahren: wiederholte Ausbrüche von Vulkanen unter dem Meeresspiegel

Erhitzen des Grundwassers durch heißes Magma

Heißes Wasser wird zum Heizen, für Stromgewinnung und Gewächshäuser genutzt

Heiße Quellen und Geysire entstehen

Noch heute gibt es viele aktive Vulkane und Magmakammern nahe der Erdoberfläche

Ablagerung vieler Lavaschichten

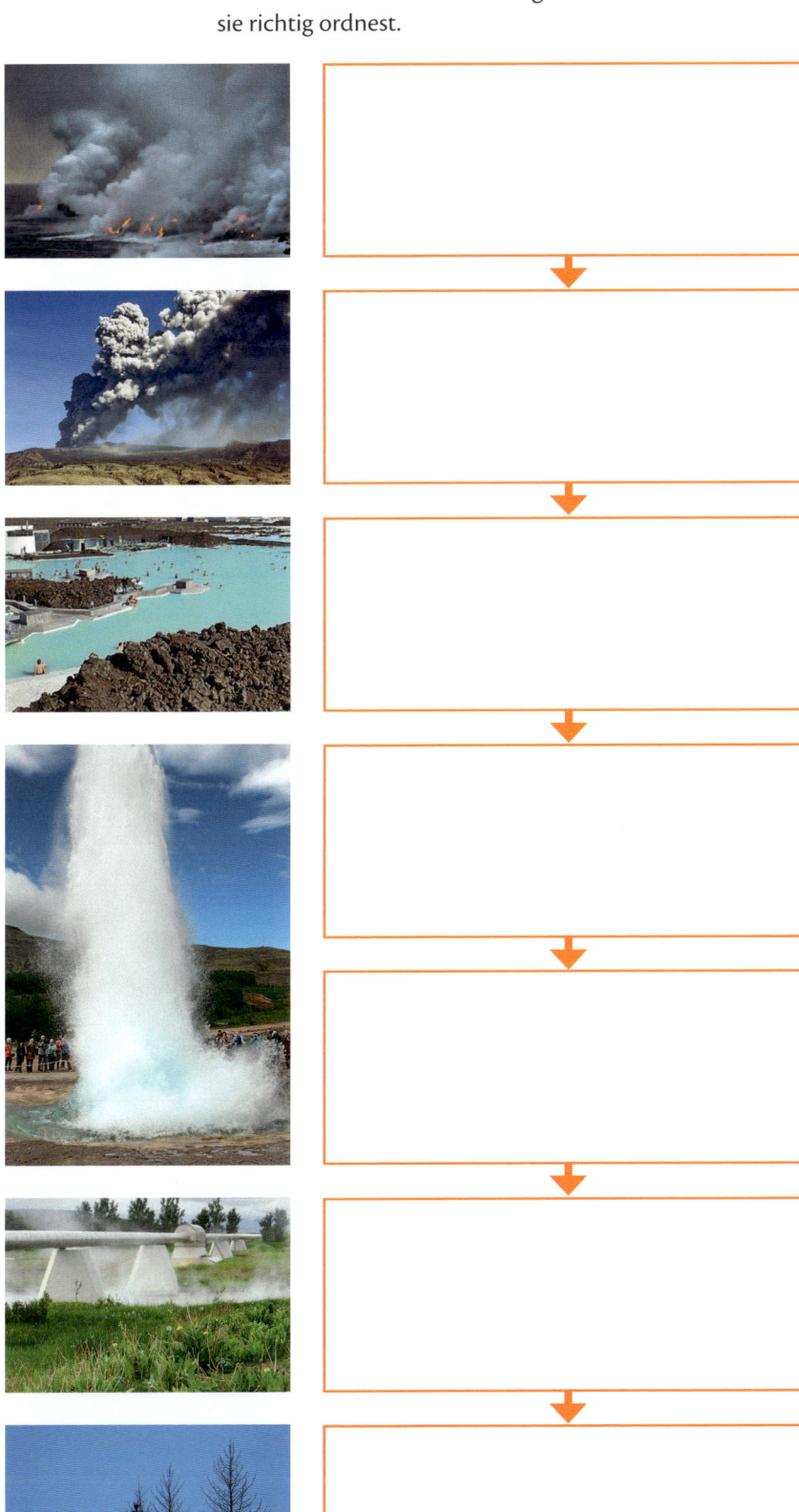

Schären, Fjell und Fjord – vom Eis geformt

1 Erstelle ein Kausalprofil durch den Süden Skandinaviens von Haugesund bis Helsinki (**M 1**).
Skizziere das Profil von A nach B. Beachte die Landhöhen. Trage in die Tabelle die Landschaften und darunter die Beschreibungen dieser Landschaften ein.

2 Kreise in der stummen Karte Skandinaviens die Regionen ein, in denen Fjord, Fjell und Schären jeweils hauptsächlich vorkommen. Nutze die Legende (**M 2**).

3 Klebe die Abbildungen von S. 41 in die richtigen Kästchen ein (**M 2**).

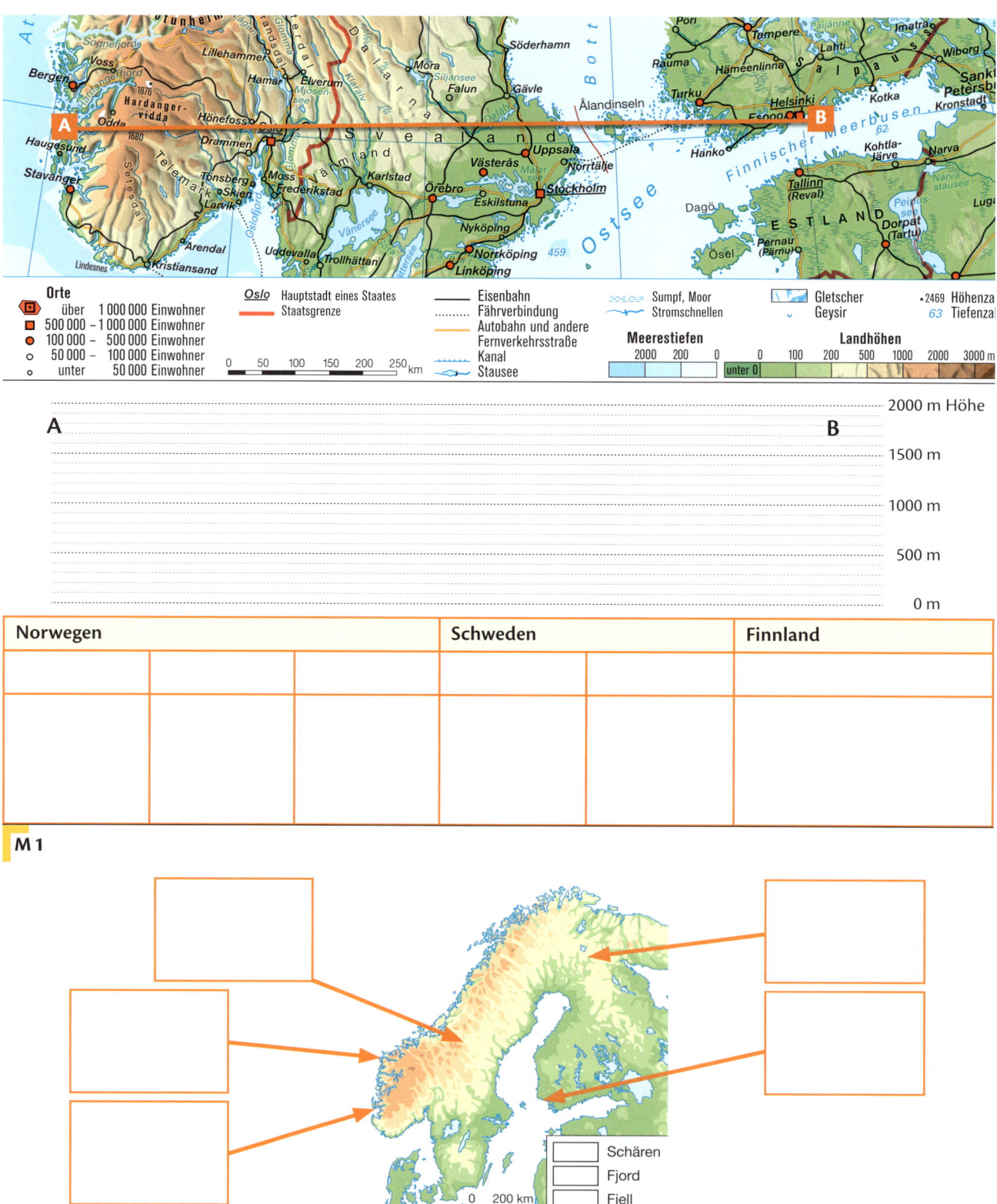

Norwegen			Schweden		Finnland

M 1

M 2

Schären

Fjord

Fjell

0   200 km

Wo Europäer leben und arbeiten – Bevölkerungsdichte und -verteilung in Europa 1

1 Gestalte die Karte zur Bevölkerungsdichte der Länder Europas farbig! Nutze die Daten der Tabelle sowie die Legende. Wähle die Farben sinnvoll aus (**M 1**).

2 Vergleiche deine Karte mit einer Karte der Bevölkerungsdichte im Atlas. Nenne Gemeinsamkeiten und Unterschiede, sowie Vor- und Nachteile der jeweiligen Karte (**M 2**).

Land	Bevölkerung je km²
Zypern Republik	133
Weißrussland	49 3
Vatikan	930
Ungarn	107
Ukraine	77
Tschechische Republik	129
Spanien	80
Slowenien	99
Slowakei	111
Serbien	92
Montenegro	49
Schweiz	182
Schweden	20
San Marino	484
Russland	8
Rumänien	93
Portugal	114
Polen	123
Österreich	97
Norwegen	14
Niederlande	397
Monaco	16 250
Moldawien	131
Mazedonien	80
Malta	1297
Luxemburg	183
Litauen	54
Liechtenstein	212
Lettland	35
Kroatien	79
Italien	192
Island	2
Irland	57
Grossbritannien	247
Griechenland	81
Georgien	66
Frankreich	111
Finnland	15
Estland	29
Deutschland	230
Dänemark	126
Bulgarien	66
Bosnien-Herzegowina	87
Belgien	340
Andorra	152
Albanien	124
Kosovo	160

Gleiche Dichte, aber unterschiedliche Verteilung!

Bevölkerungsdichte in EW/km²

über 1000	101–300
701–1000	51–100
501–700	21–50
301–500	unter 20

M 1

Vergleich der beiden Karten zur Bevölkerungsdichte Europas (Atlaskarte und M1)

	Atlaskarte	Karte M1
Gemeinsamkeiten		
Unterschiede		
Vorteile der Karten		
Nachteile der Karten		

M 2

Wo Europäer leben und arbeiten – Bevölkerungsdichte und -verteilung in Europa 2

Auch Europa schläft nachts nicht! Das Satellitenbild zeigt dir das Lichtermeer Europa in der Nacht. In hell erleuchteten Gebieten befinden sich Städte und Industriezentren. Dunkle Gebiete sind eher landwirtschaftlich genutzte Flächen. Dort leben eher wenige Menschen.
Analysiere das Satellitenbild Europas bei Nacht.

1   Finde heraus, welche Städte bzw. Gebiete in den hell erleuchteten Gebieten liegen. Beschrifte sie (**M 1**).

2   Welche Gebiete sind eher dunkel? Beschrifte sie (**M 1**, blau umrandete Kästchen).

3   Finde weitere markante Gebiete und beschrifte sie selbstständig.

4   Vergleiche das Satellitenbild mit einer Karte zur Bevölkerungsdichte Europas (Schulbuch, Atlas). Findest du einen Zusammenhang zwischen beiden Karten? Formuliere ihn im Satz.

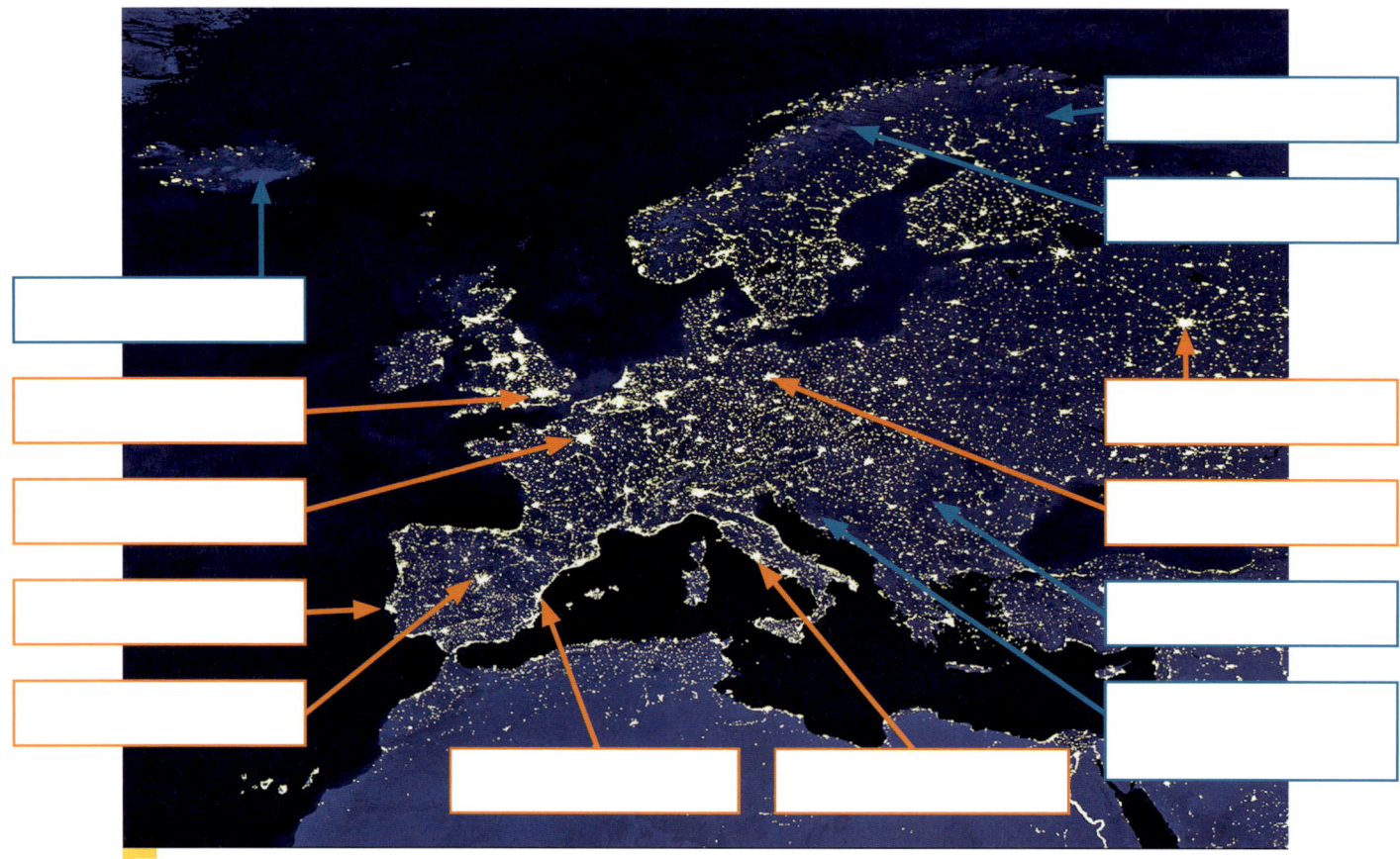

M 1

Vergleich des Satellitenbildes und der Karte zur Bevölkerungsdichte Europas

	Satellitenbild	Karte
Gemeinsamkeiten		
Unterschiede		
Zusammenhang		

M 2

Moskau – größte Stadt Europas

Steckbrief: MOSKAU

Einwohnerzahl: _____ Fläche: _____

Bevölkerungsdichte: _____

Bürgermeister: _____

Sehenswürdigkeiten: _____

_____

Religion: _____

Verkehr: _____

_____

M 1

1 Erstelle einen Steckbrief zu Moskau! Fülle dazu die Vorlage aus (**M 1**)

2 Du siehst auf den Karten jeweils das Stadtgebiet Moskaus in einem anderen Maßstab (**M 2**, **M 3**).

  a) Finde den Kartenausschnitt **M 3** in der ersten Karte (**M 2**) wieder.

  b) Wie groß ist die gesamte Stadt? Miss nach! Gib die größte Nord-Süd- und West-Ost-Ausdehnung Moskaus an (**M 2**).

    Nord-Süd: _____ West-Ost: _____

  c) Wie groß ist die eigentliche Innenstadt Moskaus (innerhalb des Gartenrings)? Gib die größte Nord-Süd- und West-Ost-Ausdehnung der Moskauer Innenstadt an (**M 3**).

    Nord-Süd: _____ West-Ost: _____

  d) Die meisten Menschen wohnen in den Randgebieten Moskaus. Ihre Arbeitsstätte liegt jedoch in einem anderen Stadtteil. Zur Arbeit müssen sie weite Wege zurück legen. Bestimme den Arbeitsweg!

  – Marina wohnt in Ljanosowo und arbeitet im Südhafen. Sie fährt _____ km.

  – Pavel wohnt in Mitischtschi und arbeitet an der Kasse des Bolschoi-Theaters. Er fährt _____ km.

  – Maja wohnt in Odinzowa und muss täglich in die Lomonossow-Universität. Sie fährt _____ km.

  e) Solche Pendler wie Marina, Pavel und Maja gibt es viele in Moskau. Straßen, Busse und die Metro sind daher überfüllt. Nenne Gründe, warum Wohnort und Arbeitsplatz häufig so weit entfernt liegen!

_____

_____

_____

_____

_____

_____

M 2

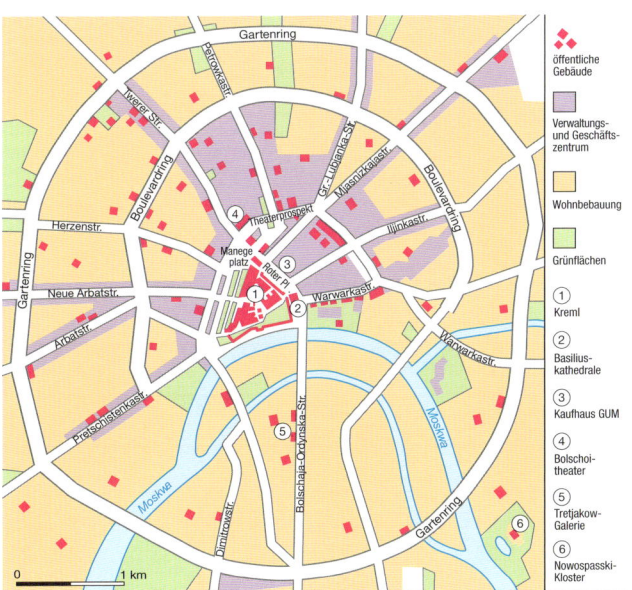

M 3

Transit durch Mitteleuropa – Verkehrsmittel und -wege

1 Stell dir vor, deinen nächsten Sommerurlaub im Juli möchtest du in Lissabon verbringen. Du startest in Berlin und hast folgende drei Verkehrsmittel zur Auswahl: Auto (PKW), Bahn und Flugzeug. Recherchiere für jedes Verkehrsmittel die Dauer sowie die Kosten der Anreise. Notiere!

	Auto	Bahn	Flugzeug
Dauer:			
Kosten:			

M 1

2 Für welches Verkehrsmittel entscheidest du dich? Begründe!

_____

_____

3 Beurteile die drei Verkehrsmittel auf ihre Umweltfreundlichkeit. Bleibst du bei deiner Entscheidung? Begründe!

_____

_____

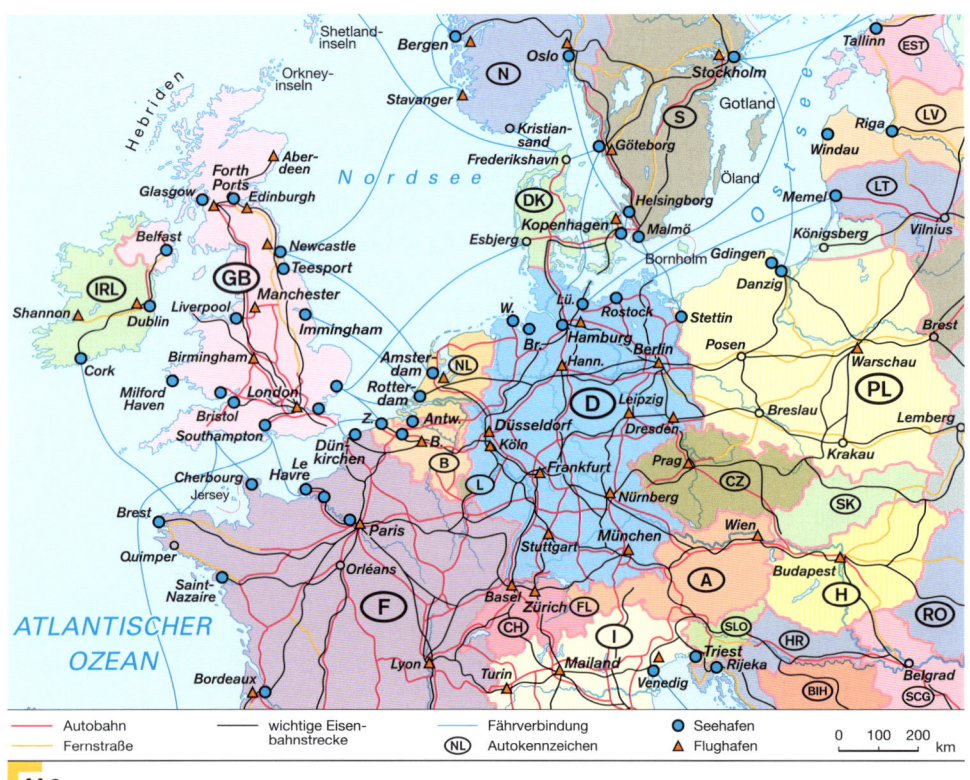

4 Die Lage Deutschlands in der Mitte Europas macht es zum Transitland Nummer 1 (**M 2**).

a) Trage Start- und Zielstädte von Autobahnen/Europastraßen in **M 3** ein.

b) Benenne auch für Bahnstrecken die Start- und Zielstädte.

c) Suche in der Karte Hafenstandorte. Wähle drei Häfen aus und gib an, für welche Transitverbindungen sie bedeutsam sind. Nutze den Atlas und verwende die Legende.

Legende:
— Autobahn
— Fernstraße
— wichtige Eisenbahnstrecke
(NL) Autokennzeichen
— Fährverbindung
● Seehafen
▲ Flughafen

0   100   200 km

M 2

Autobahnen/Europastraßen	Bahnstrecken	Häfen
A _____	1 _____	– _____
B _____	2 _____	– _____
C _____	3 _____	– _____
		– _____

M 3 *Verkehrswege durch Mitteleuropa*

Erdöl und Erdgas für Europa

Erdöl und Erdgas gehören weltweit zu den wichtigsten Rohstoffen der chemischen Industrie und der Energiewirtschaft. Russland ist einer der größten Erdöl- und Erdgasproduzenten weltweit. Über Rohleitungen (sog. Pipelines) gelangen die Rohstoffe nach Europa.

Um den steigenden Bedarf an Erdöl und Erdgas zu decken, werden seit vielen Jahre auch die untermeerischen Lagerstätten der Nordsee abgebaut.

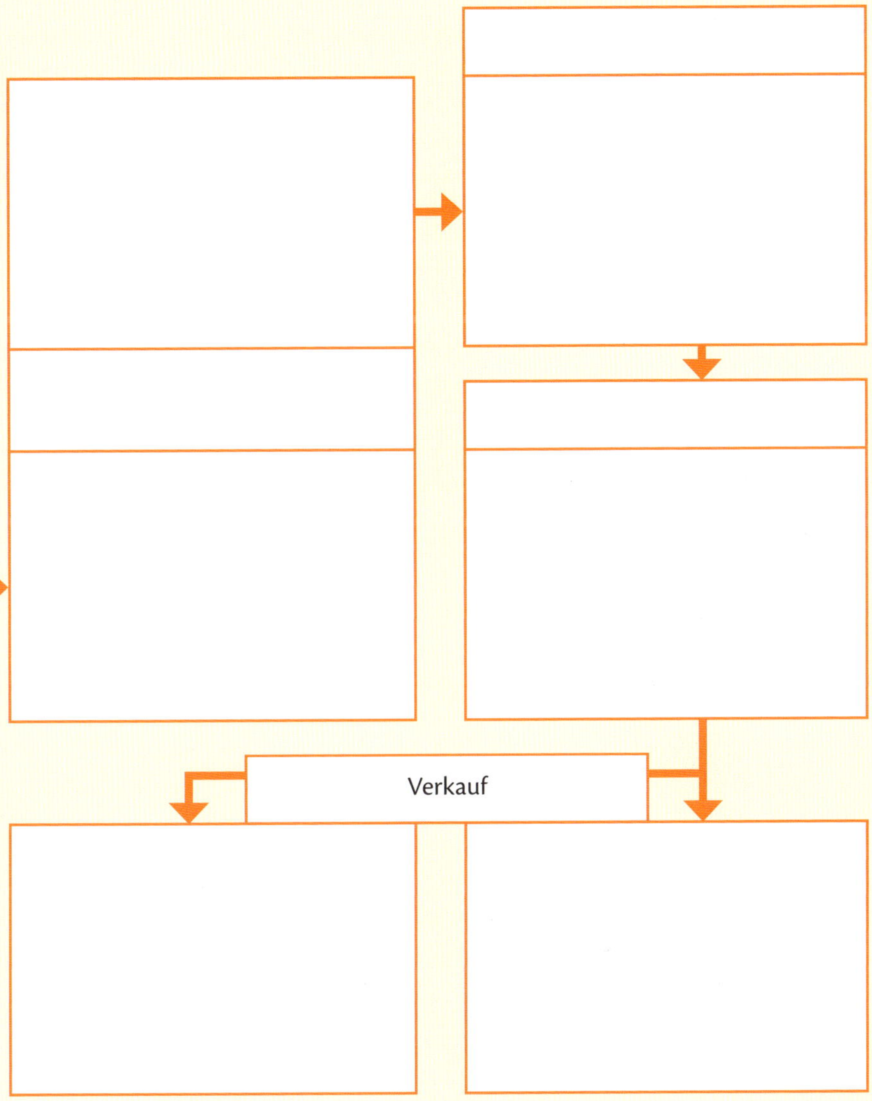

Verkauf

M 1

1 Schneide aus dem Ausschneidebogen (S. 41) die Bilder aus und klebe sie an die richtige Stelle der Grafik (**M 1**). Ergänze folgende Begriffe: *Transport, Förderung, Lagerung, Verarbeitung.*

2 Kreise alle Dinge ein, die unter Nutzung von Erdöl als Rohstoff hergestellt werden (**M 2**).

3 Notiere Gegenstände aus dem Klassenzimmer, die es ohne Erdöl so nicht gäbe.

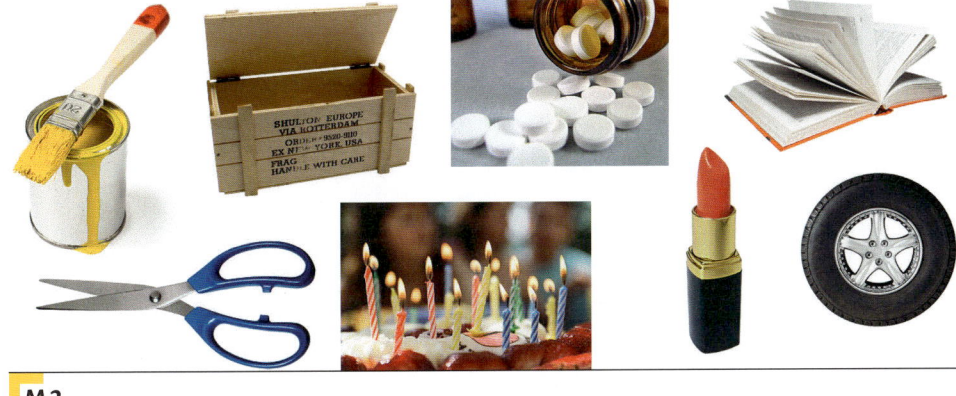

M 2

Die Weltmeere – Gliederung, Nutzung und Gefährdung 1

Mehr als zwei Drittel der Erdoberfläche ist von Wasser bedeckt. Diese stehen durch weltumspannenden Meeresströmungen in ständiger Bewegung und im Austausch miteinander. Die Meere lassen sich anhand ihrer Merkmale wie Größe und Lage in 4 Gruppen gliedern.

1 Ordne folgende Meere in die Gliederung der Weltmeere richtig ein. Verwende den Atlas!
Mittelmeer, Ostsee, Pazifischer Ozean, Indischer Ozean, Karibisches Meer, Schwarzes Meer, Arabisches Meer, Rotes Meer, Weddellmeer, Nordpolarmeer

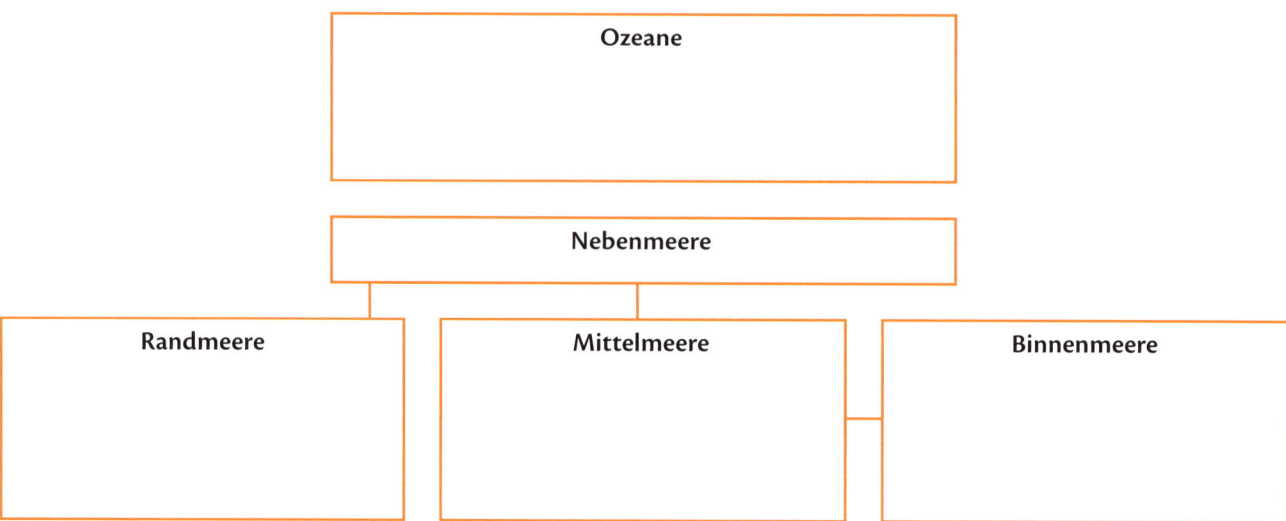

Vom Festland aus wird das Meer mit vielen Schadstoffen belastet. Der Mensch ist hierbei die Hauptursache und trägt somit große Verantwortung. Um etwas gegen die zunehmende Belastung der Meere tun zu können, müssen uns die Ursachen der Verschmutzung klar werden.

2 Markiere mit bunten Pfeilen (entsprechend der Legende) die Wege und Ursachen der Meeresverschmutzung in der unteren Abbildung (M 2).

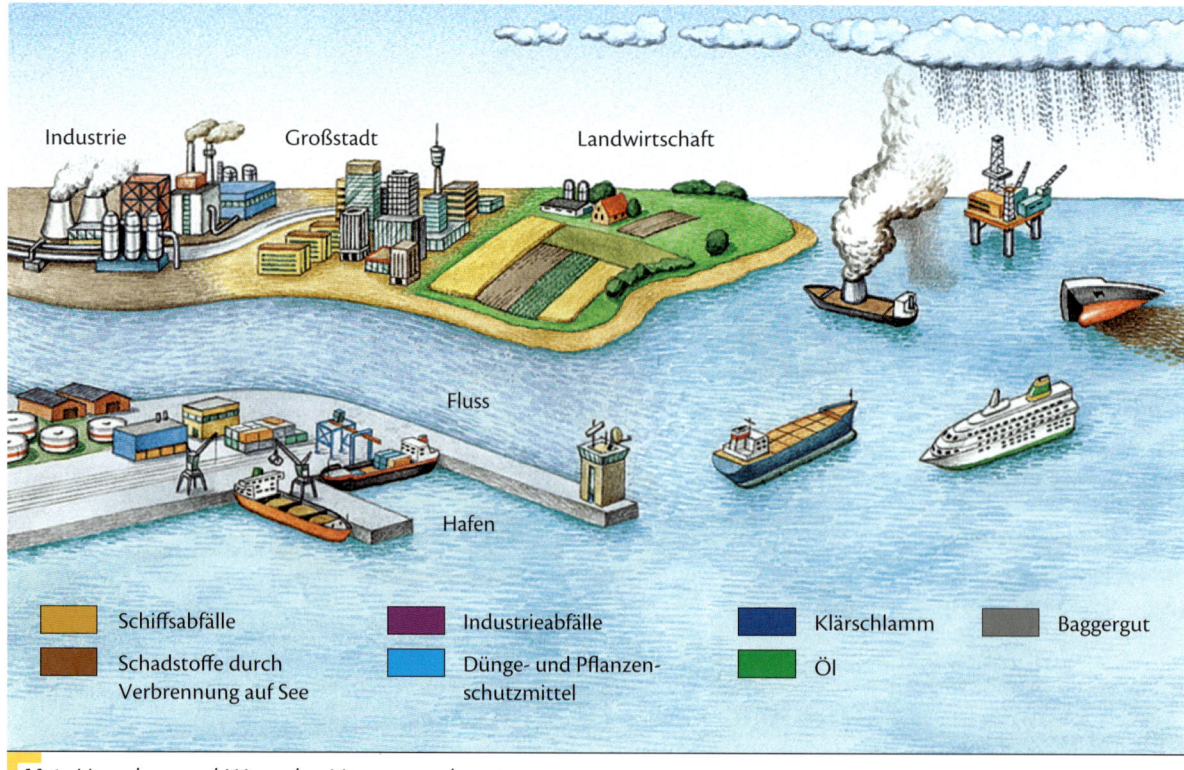

M 1 *Ursachen und Wege der Meeresverschmutzung*

Die Weltmeere – Gliederung, Nutzung und Gefährdung 2

Fischer ahoi!
Die Gewässer der Europäischen Union gehören zu den am stärksten befischten Gewässern weltweit. Aber auch weit weg von ihren europäischen Heimathäfen sind europäische Fischer mit ihren Fabrikschiffen unterwegs. Es droht eine Gefahr der Überfischung von Gewässern. Auf den Fabrikschiffen wird Fisch gefangen, verarbeitet, verpackt und eingefroren.

1 Ergänze den Text, indem du die folgenden Wörter in die richtigen Lücken schreibst:
einer, Fanggebieten, Fabrikschiffe, Fangsaison, Fischereiboot, größer, länger, Schleppnetze, Treibnetze, Echolot, geringer

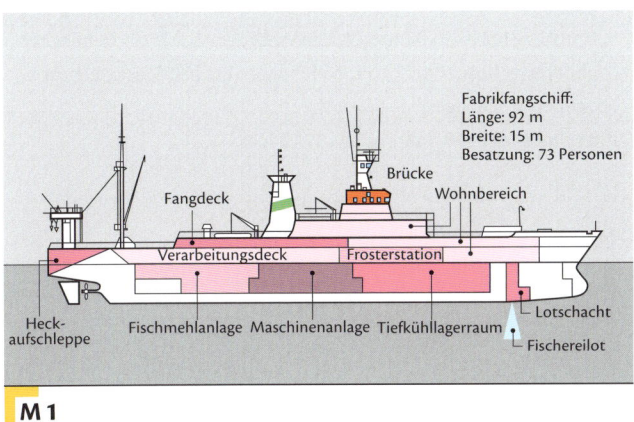

M 1

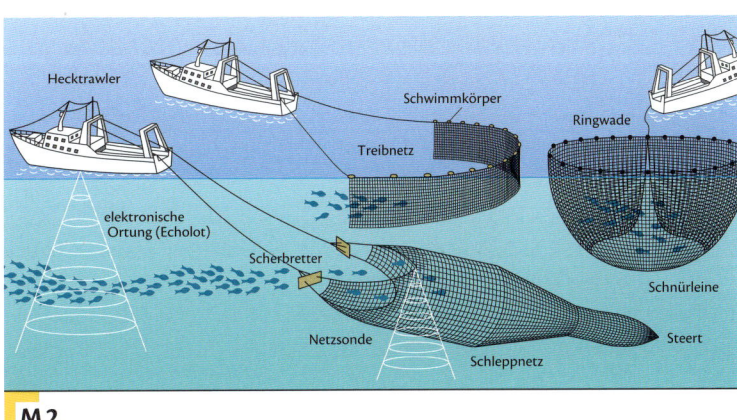

M 2

Im Vergleich zu früheren Zeiten sind die Mengen des gefangenen Fisches heute deutlich _____

und die Fahrten zu den _____ dauern heute wesentlich _____.

Moderne _____ können in _____ Stunde mehr verarbeiten, als ein übliches

_____ im 16. Jahrhundert in einer kompletten _____ an Bord holen

konnte. Die Fangmethoden wurden stetig verfeinert.

Immer feinmaschigere Netze, _____, _____ und der Einsatz

des _____ zum Aufspüren von Fischschwärmen werden eingesetzt.

M 3

2 Vermute, was mit der „Gefahr der Überfischung" der Meere gemeint ist! Gehe auch auf Ursachen ein.

_____

_____

_____

_____

_____

_____

Bildquellen

Alamy/Jupiter Images/BrandX: 37 (Reifen);

Astrofoto, Sörth: 34 M;

BP Europe SE: 41 u. re. (Ölplattform, Tanker, Tankstelle, Raffinerie, Pipeline);

Cornelsen Verlagsarchiv: 2 M2, 4 M3, 41 u. re. (Shop);

Fotolia.com: 9 M2 li. (© flashpics), 9 M2 re. (© Katja Xenikis), 28 Rp. (1) (© mmar), 28 Rp. (2) (© Diezer), 28 Rp. (3) (© PictureP), 28 M2 (5) (© da_bu), 31 (1) (© gburba), 31 (2) (© Jochen Scheffi), 31 (3) (© Kurt Hochrainer), 37 (Farbdose) (© Oliver Hoffmann), 37 (Tabletten) (© Volker Dähn), 37 (Geburtstagskuchen) (© Nathalie Herbant), 41 oben (1) (© Nailia Schwarz), 41 oben (2) (© VRD), 41 oben (3) (© Daniel Etzold), 41 oben (4) (© Jakob Radlgruber), 41 oben (5) (© Harald Biebel);

Ingram Publishing, Cheshire: 37 (Schere), 37 (Lippenstift);

iStockfoto © Angelika Stern: 37 (Holzkiste);

Mauritius Images: 28 M2 (2) (Ulrich Wiede), 28 M2 (3) (imagesbroker), 28 M2 (4) (Raimund Linke), 35 M1 (Steven Vidler);

NWO Nord-West-Oelleitung/Foto-Design Klaus Schreiber: 41 u. re. (Öl-Lagerung);

picture-alliance: 9 M3 (ZB © ZB-Fotoreport), 28 M2 (1) (NHPA/photoshot), 31 (4) (ZB © dpa-Report), 31 (5) (Arco Images GmbH), 31 (6) (Arved Gintenreiter), 41 u. li. (1) (dpa), 41 u. li. (2) (Arco Images GmbH), 41 u. li. (3) (United Archives/DEA), 41 u. li. (4) (Bibliographisches Institut/Prof. Dr. H. Wilhelmy), 41 u. li. (5) (Bildagentur-online/TIPS-Images);

Shutterstock/ © Pavel Vakhrushev: 37 (Buch)

Unsere Erde 5/6 Arbeitsheft

erarbeitet von Ines Melzer

Redaktion: Hans-Ragnar Steininger
Bildassistenz: Elke Schirok
Umschlaggestaltung: Zweimanns Grafik, Immenstedt
Layout und technische Umsetzung: Visuelle Gestaltung Katrin Pfeil, Mainz
Ilustrationen: Hans-Wunderlich
Grafik und Karten: Oliver Hauptstock, cartomedia, Dortmund;
Peter Kast, Ingenieurbüro für Kartographie, Wismar

www.cornelsen.de

1. Auflage, 8. Druck 2023

Alle Drucke dieser Auflage sind inhaltlich unverändert
und können im Unterricht nebeneinander verwendet werden.

© 2013 Cornelsen Schulverlage GmbH, Berlin
© 2017 Cornelsen Verlag GmbH, Berlin

Druck: Athesiadruck GmbH

ISBN 978-3-06-064393-6

PEFC-zertifiziert
Dieses Produkt
stammt aus
nachhaltig
bewirtschafteten
Wäldern

PEFC
PEFC/18-31-166   www.pefc.de